FALKEN-BIOTHEK

FALKEN-BIOTHEK

Ingrid Gabriel

Kräuter und Heilpflanzen im Biogarten

Gesunde Ernte durch natürlichen Anbau

FALKEN VERLAG

Von Ingrid Gabriel sind in dieser
Reihe erschienen:
»So wird mein Garten zum Biogarten«
(0706)
»Gesunde Pflanzen im Biogarten« (0707)
»Kosmische Einflüsse auf unsere Garten-
pflanzen« (0708)
»Neuanlage eines Biogartens« (0721)
»Der Biogarten unter Glas und Folie« (0722)
»Der biologische Zier- und Wohngarten«
(0748)
»Obst und Beeren im Biogarten« (0780)
»Gemüse im Biogarten« (0830)

CIP-Titelaufnahme der Deutschen Bibliothek

Gabriel, Ingrid:
Kräuter und Heilpflanzen im Biogarten:
gesunde Ernte durch natürl. Anbau /
Ingrid Gabriel. – Niedernhausen/Ts.:
Falken-Verl., 1988
   (Falken-Bücherei) (Falken-Biothek)
   ISBN 3-8068-0929-1

ISBN 3 8068 0929 1

© 1988 by Falken-Verlag GmbH,
6272 Niedernhausen/Ts.
Titelbild: M. Gemke, München
Fotos: Ingrid Gabriel, Wiesbaden-Naurod
Zeichnungen: Ingrid Gabriel
Grafische Gestaltung: Atelier Gabriel
Die Ratschläge in diesem Buch sind von
Autor und Verlag sorgfältig erwogen und
geprüft, dennoch kann eine Garantie
nicht übernommen werden. Eine Haftung
des Autors bzw. des Verlages und seiner
Beauftragten für Personen-, Sach- und
Vermögensschäden ist ausgeschlossen.
Satz: LibroSatz, Kriftel bei Frankfurt
Druck: Auer, Donauwörth

817 2635 4453 6271

Inhalt

Einführung

Die Pflanze hat enge Beziehungen zum Menschen, was am leichtesten zu erkennen ist, wenn man sie in ihrer grundsätzlichen Gestalt betrachtet, nämlich als Kraut.

Das, was allgemein als Kraut bezeichnet wird, zeigt sich uns als dreigliedrige Pflanze. Sie besteht aus Wurzel, Stengel-Blatt-Bereich und Blüte, aus der die Frucht hervorgeht.

Beziehen wir diese drei Regionen auf den Menschen, so lassen sich Ähnlichkeiten erkennen.

Zunächst bilden sich aus keimenden Pflanzensamen die Wurzeln, die ihren Weg in die Erde suchen. Selbst bei rasch keimenden Samen, wie etwa von Bohnen, Erbsen, Ringelblumen oder Kapuzinerkresse, dauert es fünf bis neun Tage, ehe sich auch Stengel und Keimblätter zu entfalten beginnen.

In diesem Entwicklungsstadium lassen sich Vergleiche mit dem Embryonalzustand des Menschen ziehen. Was nämlich beim Embryo und selbst noch beim Neugeborenen am weitesten entwickelt und am größten ist, ist der Kopf, während der eigentliche Leib im Embryonalzustand noch recht ungegliedert erscheint und die Gliedmaßen zunächst sogar nur als kurze Stummel aus dem Leib herauswachsen.

Das Kind und der Erwachsene nehmen mit den Sinnesorganen des Kopfes die Außenwelt in Form von Bildern, Tönen, Gerüchen und Geschmacksempfindungen wahr. Diese sinnlichen Eindrücke werden von den Nerven weiter bis zum Gehirn geleitet, wo sie »synthetisiert« werden.

Ähnliches gelingt der Wurzel, allerdings in stofflicher Hinsicht: Salze und Wasser werden aus der Außenwelt, dem Boden, aufgenommen und zu pflanzeneigenen Substanzen zusammengefügt, also ebenfalls synthetisiert.

Allerdings besteht bei aller Ähnlichkeit von Kopf und Wurzeln auch eine Gegensätzlichkeit. Das menschliche Haupt hebt sich aus der Erdenschwere heraus und erreicht mit dem Gehirn, das im Gehirnwasser schwimmt, so-

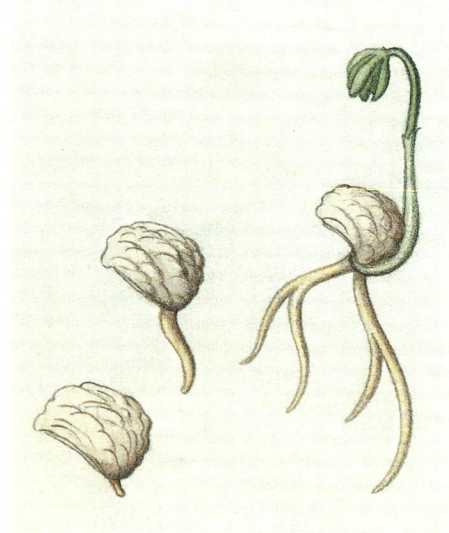

Keimlinge der Kapuzinerkresse

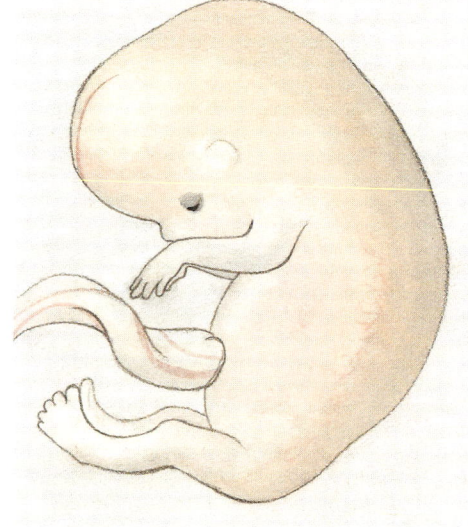

Menschlicher Embryo

gar eine besondere Leichte, während die Wurzel der Erdenschwere unterliegt, wobei sie aber die schweren Erdenstoffe wiederum der Gravitation entreißt.

Der Stengel-Blatt-Bereich bei der Pflanze entspricht dem rhythmischen System des Menschen, also der Atmung im Zusammenhang mit der Blutzirkulation. Nicht nur, weil Chlorophyll und Blut in ihrer Zusammensetzung fast identisch sind, sondern auch, weil es in beiden Fällen um den Transport von Säften geht, die Nahrungs- oder Ausscheidungsstoffe enthalten. Während jedoch der Rhythmus des Steigens und Fallens der Säfte bei der Pflanze noch ganz kosmischen Einflüssen unterliegt, indem von 3 Uhr morgens bis 15 Uhr mittags die Säfte steigen und sich in der anderen Tageshälfte der Wurzel zuwenden, sind die Beziehungen von Atmung und Blutzirkulation beim Menschen zu kosmischen Rhythmen nicht mehr so leicht erkennbar, und sie laufen auch nicht parallel.

Es läßt sich lediglich eine Beziehung der durchschnittlichen Anzahl der Atemzüge an einem Tag zu der Zahl der Jahre, die ein Weltenjahr (Platonisches Jahr) dauert, herstellen. In einem Weltenjahr wandert die Sonne einmal durch den gesamten Tierkreis: Sie braucht durchschnittlich 2160 Jahre, ehe sie im Frühlingspunkt, am 21. März, das nächste Tierkreisbild erreicht. Multipliziert man die Zahl dieser Jahre mit 12 (Menge der Tierkreisbilder), so ergeben sich 25 920 Jahre für ein Weltenjahr. Durchschnittlich macht der Mensch genauso viele Atemzüge an einem Tag.

Der rhythmische Aufbau der Blätter bei der Pflanze am Stengel von Knoten zu Knoten entspricht dem rhythmischen Aufbau der Wirbelsäule mit den den Brustkorb stützenden Rippenbögen.

Man kann in den Lungenflügeln mit ihren Verästelungen und der Luftröhre ein Abbild eines Baumes mit weitverzweigter Krone und breitem Stamm sehen. Aber während der Atmungs- und Assimilationsprozeß bei der Pflanze Kohlendioxid aufnimmt und Sauerstoff in die Atmosphäre entläßt, atmet der Mensch Sauerstoff ein und Kohlendioxyd

aus. Dieser gegensätzliche Prozeß birgt eines der Urgeheimnisse der Verbundenheit von Pflanzen und Menschen.

Bleibt noch die Betrachtung der Verwandtschaft zwischen dem Blüten-Frucht-Prozeß bei der Pflanze und dem Stoffwechsel-Gliedmaßen-System, zu welchem auch die Fortpflanzung zählt, beim Menschen.

Am augenfälligsten ist hier der Vergleich bei der Fortpflanzung. Wenn diese bis zur Befruchtung der Blüte bei der Pflanze auch mehr ein der Außenwelt angehörender Prozeß ist, während die menschliche Fortpflanzung mehr ein innerer Vorgang ist, findet nach der Befruchtung die weitere Entwicklung in beiden Fällen im schützenden Innenraum statt.

Es sei hier nur noch darauf aufmerksam gemacht, daß der Stoffwechsel beim Menschen mit besonderen Wärmeprozessen einhergeht. Die höchsten Temperaturen entwickelt da die Leber. In der Blütenbildungsphase kommt es bei bestimmten Pflanzenarten ebenfalls zu einer gewissen Wärmebildung. Es handelt sich vor allen Dingen um solche Pflanzen, die ihre Blüten bereits im Vorjahr veranlagen, wie das zum Beispiel bei Sträuchern und Bäumen zu beobachten ist.

Nach Johanni beginnen sich bei unseren Obstbäumen, Beerensträuchern und auch bei Erdbeeren bereits Blütenknospen zu entwickeln, zuerst bei Kirschen, im August bei Birnen-, Apfelbäumen und Beerensträuchern, Ende August auch bei Gartenerdbeeren, um nur einige Obstarten zu nennen.

Dabei entstehen in den Pflanzen winzige Kristalldrusen, die sich um die Blütenanlagen besonders häufen. Im Herbst nimmt ihre Zahl wieder ab, bis sie im Frühjahr fast ganz verschwinden. Diese Kristalle wirken wie kleine Hohlspiegel, die Sonnenwärme auf die Blütenanlage konzentrieren. Die Wärme ist zwar gering, aber immerhin doch meßbar. Diese Stoffanhäufung und -konzentration im Fruchtkörper der Pflanze, die der Ernährung des Keimes dienen, gehört zu den Hauptstoffwechselvorgängen bei Pflanzen.

Auch die Bewegung ist bei der Pflanze am ausgeprägtesten im Blütenbereich, hebt

Bewegungen einer Borretschpflanze: Die dunkelgrünen Blätter zeigen die ausgebreitete Stellung zur Mittagszeit, die hellgrünen die aufrechtere um Mitternacht. Die Bewegung ist bei den älteren Blättern gering, bei den jüngeren stark.

doch die Pflanze die Blüte am weitesten vom ursprünglichen Keim weg, hinauf in die Atmosphäre, wo viele Blüten im täglichen Öffnen und Schließen der Kron- und Kelchblätter die stärkste äußere Eigenbewegung der Pflanze entfalten.

Selbstverständlich sind die drei Bereiche weder beim Menschen noch bei der Pflanze streng abgegrenzt, aber die Schwerpunkte liegen in den bezeichnenden Regionen.

Aus diesen Betrachtungen geht hervor, daß der Vergleich zwischen Pflanze und Mensch zu folgendem Ergebnis führt:

Die Ähnlichkeit zwischen Blüten-Frucht-Region und Stoffwechsel-Gliedmaßen-System einerseits sowie zwischen Wurzelregion und Sinnes-Nerven-System andererseits macht deutlich, daß die Pflanze im Vergleich zum Menschen auf dem Kopf steht. Man könnte auch sagen, sie ist mit ihrer physischen Gestalt kosmisch orientiert, während der Mensch in dieser Hinsicht »mit beiden Beinen auf der Erde steht«.

Dieser Zusammenhang zwischen dem dreigliedrigen Menschen und der dreigliedrigen Pflanze – wie überhaupt die funktionelle

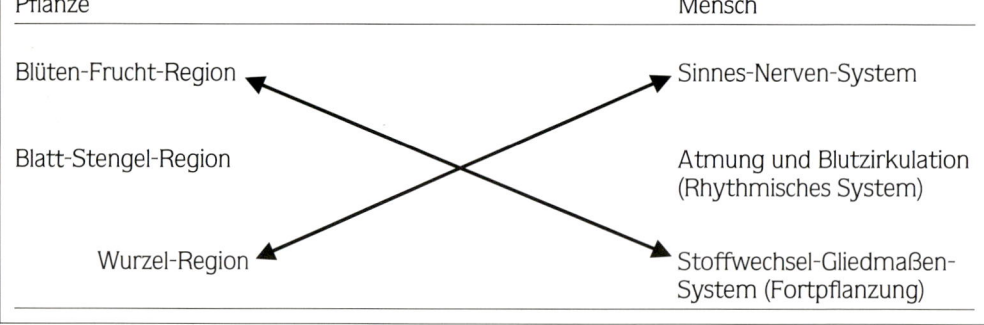

Pflanze	Mensch
Blüten-Frucht-Region	Sinnes-Nerven-System
Blatt-Stengel-Region	Atmung und Blutzirkulation (Rhythmisches System)
Wurzel-Region	Stoffwechsel-Gliedmaßen-System (Fortpflanzung)

Dreigliederung des menschlichen Organismus – ist nach langjährigen Studien zum ersten Mal von dem Geistesforscher Rudolf Steiner, dem Begründer der Anthroposophie, aufgezeigt worden.

Man sollte in dieser Dreiheit aber keineswegs eine Dreiteilung sehen, denn im menschlichen Körper greifen alle Funktionen ineinander. Nervenbahnen durchziehen beispielsweise den ganzen Körper des Menschen, die Blutgefäße führen zu jeder Körperzelle Sauerstoff, aber trotz dieser Durchdringung aller drei Bereiche gehen diese Systeme von den angegebenen Schwerpunkten aus. Deshalb ist es nicht ganz so einfach, die Übereinstimmung der Heiltendenzen bestimmter Pflanzenbereiche mit der Dreigliedrigkeit des menschlichen Organismus zu erkennen.

Wenn man die Zuordnung der dreigliedrigen Pflanze zum menschlichen Organismus betrachtet, ist es zwar leicht einzusehen, daß Möhren das Sinnesorgan Auge günstig beeinflussen, Selleriewurzeln nervenstärkend wirken, das grüne Blatt blutbildend ist, Kümmelsamen Blähungen beseitigt, Kamillenblütentee den Magen beruhigt, Entzündungen im Magen-Darm-Trakt und das Ausscheidungsorgan Haut günstig beeinflußt, aber daß geriebene Möhren auch die Leber gesunden lassen, ist nur dann zu verstehen, wenn man weiß, daß die Leber als Sinnesorgan für die Substanzen der Außenwelt gilt. Weil die Nieren die Augen des unteren Menschen sind, kann Sellerie auch auf diese Organe hilfreich wirken. Als unteren Menschen bezeichnet man den Teil des Körpers, der mit dem Blutkreislauf unterhalb des Herzens verbunden ist.

Auch ein Kräutergarten bietet einen schönen Anblick.

Begriff, Sinn und Zweck der Kräuter im Garten

Botanisch fallen unter den Begriff »Kräuter« alle Pflanzen, die nicht verholzen und die völlig oder in ihren oberirdischen Teilen nach einer Vegetationsperiode absterben. Umgangssprachlich gehören zu den Kräutern jedoch alle Pflanzen, die wir zum Würzen oder als Heilkräuter verwenden, also zum Beispiel auch Rosmarin, obwohl er eigentlich botanisch zu den Sträuchern zählt.

Viele Kräuter, die wir im Garten anbauen, wie beispielsweise Petersilie, Schnittlauch, Bohnenkraut oder Borretsch, wachsen im allgemeinen in unserem Klima nicht wild. Sie nennt man deshalb auch Gartenkräuter. Im Gegensatz zu diesen gibt es Wildkräuter. Diese gedeihen, ohne daß der Mensch sie pflegt, wild in unserem mitteleuropäischen Klima, können sich also auch im Garten ansiedeln. Dann benennt man sie mit dem wenig schönen Wort Unkraut.

Dabei ist das sogenannte Unkraut auch im Garten recht nützlich, denn es zeigt an, wie der Boden, auf dem es wächst, beschaffen ist, und düngt umgehackt als Bodenbedeckung das Erdreich oder beim Verrotten den Kompost mit solchen Stoffen, die dem betreffenden Gartenboden fehlen.

Die schöne Heilpflanze Fingerhut ist giftig und darf deshalb im Garten nur als Zierpflanze angebaut werden.

Im biologischen Garten bedient man sich dieser Wildkräuter deshalb sogar gezielt. Wo sie stören würden, hindert man sie mit Hilfe von Gründüngung und Bodenbedeckung am Wachstum, an anderen Stellen läßt man sie gewähren oder sät sie sogar aus, wie zum Beispiel die Brennessel.

Viele Wildpflanzen kann der Biogärtner als Heilpflanze oder als Basis für Flüssigdünger und Pflanzenschutzmaßnahmen gut gebrauchen.

Garten- und Wildkräuter haben zudem die Fähigkeit, als Nachbarpflanzen durch Ausscheidungen aus Wurzeln oder den oberirdischen Pflanzenteilen auf andere Pflanzen und den Boden heilend zu wirken. Oft verhindern sie durch Duftirritation Schädlingsbefall. Manchmal sind sie nebenbei durch ihren anhaltenden Blütenreichtum auch noch eine gute Bienenweide.

Somit haben Garten- und Wildkräuter, unter denen es wiederum viele Gewürzkräuter, aber auch zahlreiche Heilkräuter gibt, vielfältige Aufgaben, die sich alle zum Wohl des Gartens und der Menschen nutzen lassen.

Salbei, eine Pflanze aus dem Mittelmeerraum, die schon in der Antike zu Heilzwecken gebraucht wurde

Anbau und Pflege von Heil- und Gewürzkräutern

Kräuter gehören eher zu den Wild- als zu den Kulturpflanzen und brauchen einen lockeren und humosen Boden. Stickstoffüberdüngung vertragen sie nicht. Deshalb wird ihnen organischer Dünger am besten über die Kompostzubereitung verabreicht. Doch muß der Kompost reif sein, wenn man ihn als dünne, 1–2 cm hohe Schicht auf Kräuterbeete streut. Gesteinsmehl, Tonmehl und Algenkalk können auch direkt in den Boden eingearbeitet werden. Frisch angelegte Kräuterbeete sollten zunächst entweder eine Gründüngungseinsaat erhalten oder in erster Tracht ein Gemüse, das einen garen Boden hinterläßt, beispielsweise Kartoffeln oder Gurken.

Grundsätzlich sind Kräuter aber mit jedem guten, humosen Gartenboden zufrieden. Er sollte jedoch gelegentlich gelockert werden, besonders dann, wenn mehrjährige Kräuter darauf wachsen.

Ähnlich wie bei Gemüse sind oft auch bei Kräutern Pflanzengemeinschaften von Vorteil. Zu den geeigneten Nachbarn können neben anderen Kräutern auch Gemüse oder sogar Zierpflanzen gehören. In den folgenden Kapiteln wird auf solche Beispiele von Gemeinschaften hingewiesen.

Da viele Kräuter eigentlich in wärmeren Gegenden beheimatet sind, lieben sie einen sonnigen, möglichst geschützten Standort. Durch Hecken, Spaliere, Südhänge, künstliche Hügel und Wasseranlagen kann man im Garten das Kleinklima herstellen, das für bestimmte Kräuter vorteilhaft ist.

Eine spezielle Pflege ist bei Kräutern nicht erforderlich.

Der regelmäßige Rückschnitt ergibt sich meist durch die Verwendung der Kräuter von allein. Im Spätsommer werden mehrjährige Kräuter das letzte Mal zurückgeschnitten. Anschließend erhalten sie nach einer Bodenlockerung und -durchlüftung eine Gabe gut verrotteten Komposts. Frostempfindliche Kräuter, wie zum Beispiel Salbei, Thymian,

Lavendel oder Rosmarin bekommen eine leichte Fichtenreisigabdeckung. Letzteres ist besonders empfehlenswert, wenn diese Kräuter in Containern, Kübeln oder U-Steinen wachsen.

Durch gut verrotteten Kompost ist gewährleistet, daß der Boden mit allen Kernnährstoffen und Spurenelementen versorgt ist. Von den natürlichen Düngern enthält Algenkalk neben Magnesium die meisten Spurenelemente, aber auch Algenmehl ist reich an Spurenelementen, gefolgt von Gesteinsmehlen.

Vom Boden gelangen die Spurenelemente in die Gartenpflanzen und auch in die Kräuter. Der Mensch wiederum kann Spurenelemente in keiner anderen Form besser aufnehmen als mit der täglichen Nahrung.

Die Verwendung von biologisch-dynamischen Präparaten

Der schon erwähnte Geistesforscher Rudolf Steiner hat 1924 während seines landwirtschaftlichen Kurses in Koberwitz bei Breslau die Herstellung bestimmter Präparate empfohlen und ihre Zubereitung beschrieben. Seit dieser Zeit werden sie in der biologisch-dynamischen Landwirtschaft angewendet.

Es handelt sich um die Präparate Hornmist Nr. 500, dessen Grundlage Kuhmist ist, Hornkiesel Nr. 501, das als Ausgangssubstanz feinst verriebenen Quarz enthält, und sechs Kompostpräparate, deren Grundlage jeweils Brennesseln, Löwenzahn, Schafgarbe, Kamille, Eichenrinde und Baldrianblüten sind.

Diese Präparate werden während der Zubereitung kosmischen und irdischen Prozessen ausgesetzt. Dadurch erlangen sie nach ihrer Anwendung auf Boden und Pflanzen eine Wirksamkeit, die zum ersten Mal in der Geschichte der Menschheit einen Zustrom von Kräften hervorruft, der nicht der Natur entstammt.

Wer die Wirkung der Präparate einmal in seinem Garten beobachtet hat, erkennt, daß die biologische Pflege von Boden und Pflanzen die Natur zwar ins Gleichgewicht bringt, die Pflege mit den biologisch-dynamischen

Baldrian – eine der Pflanzen für biologisch-dynamische Kompostpräparate

Präparaten ihr aber neue Kräfte hinzufügt. Auch Kräuter im Garten gedeihen prächtig, wenn sie in einem Boden wachsen, der zur Saat-, Pikier- und Pflanzzeit mit Hornmist behandelt wurde, und wenn die Kräuter während der Vegetationszeit Hornkieselspritzungen bekommen. Die Pflanzen entwickeln sich zu Prachtexemplaren, Duft und Geschmack werden intensiver, blühende Kräuter, wie beispielsweise Borretsch oder Lavendel, erfreuen durch lang anhaltende Blütenfülle.

Im Herbst reifen die jungen Triebe rechtzeitig vor dem Winter aus, wenn die Pflanzen im September nochmals mit Hornkiesel besprüht werden.

Nach der Düngung mit reifem Kompost erfolgt zum Abschluß eine Hornmistspritzung, die das Bodenleben fördert.

Ist der Kompost mit den biologisch-dynamischen Kompostpräparaten behandelt, regt er die Bodenorganismen zusätzlich an.

Die Präparate kann man durch das Institut für biologisch-dynamische Forschung beziehen (siehe Bezugsquellen).

Auch Cohrs-Kompoststarter und -Baldrian-blütenextrakt enthalten biologisch-dynamische Präparate.

Durch die Arbeit anhand des Aussaatkalenders von Maria Thun (siehe Bezugsquellen) kann man alle Maßnahmen, wie beispielsweise säen, pikieren, pflanzen, ernten, düngen und spritzen an Tagen durchführen, die kosmische Einflüsse und die der Erde noch verstärken. (Siehe dazu auch das Buch dieser Reihe »Kosmische Einflüsse auf unsere Gartenpflanzen«. Für zusätzliche Hinweise über den biologisch-dynamischen Gartenbau verweisen wir auf die anderen in dieser Reihe im Falken-Verlag erschienenen Titel.)

Radioaktive Substanzen in Kräutern

Anläßlich des Reaktorunfalls von Tschernobyl wurden nach dem Abklingen der Kontaminierung (von lateinisch: contaminatio = Befleckung) durch radioaktive Stoffe mit kurzen Halbwertzeiten, wie beispielsweise Jod 131 (Halbwertzeit: 8 Tage), bei verschiedenen Kräutern hohe Werte für Cäsium 137 (Halbwertzeit: 33 Jahre) gemeldet. Noch Mitte August 1986 wurde von dem Münchener Institut für Balneologie und Klimatologie für Lavendel eine Belastung mit 9000 Bequerel Cäsium 137 pro Kilo, für Spitzwegerich mit 4938, für Löwenzahn 3112 und Schöllkraut 2613 Bequerel pro Kilo gemessen. Auch die Brennessel und die Melisse galten als hochverseucht.

Nun hat dasselbe Institut jedoch herausgefunden, daß Tees, Extrakte und Pillen aus Kräutern für den Menschen unbedenklich sind. Die radioaktiven Substanzen werden durch die verschiedenen Zubereitungen mehr oder weniger ausgeschieden.

Dazu kommt, daß Teekräuter und Extrakte bei der Teezubereitung stark mit Wasser verdünnt werden.

Auch zum Würzen von Speisen setzt man Kräuter stets nur in so kleinen Mengen zu, daß diese als unbedenklich eingestuft werden können.

Am Beispiel Jod läßt sich erkennen, wie die radioaktive Kontaminierung eingeschränkt werden kann. Diese Anreicherung der Umgebung mit radioaktiven Stoffen geschieht bereits beim Normalbetrieb von Kernkraftwerken; dessen müssen wir uns bewußt sein.

Während die Wissenschaft noch vor einigen Jahrzehnten belegen konnte, daß Jodmangel hauptsächlich bei Gebirgsbewohnern vorkommt, weiß man heute, daß alle Bundesbürger unter Jodmangel leiden. Jod konzentriert sich im menschlichen Organismus vor allem in der Schilddrüse. Im Zusammenhang mit radioaktiver Kontamination durch Jod-131-Isotopen steht heute fest, daß diese Isotope von der Schilddrüse weniger aufgenommen werden, wenn in diesem Organ genügend Jod vorhanden ist.

Ähnlich verhält es sich bei Boden und Pflanzen. Wenn diese gut mit allen Kernnährstoffen und Spurenelementen versorgt sind, nehmen sie in geringerem Maße radioaktive Stoffe auf.

Schöllkraut ist eine zu Unrecht fast vergessene Heilpflanze.

Nun ist es allerdings nicht nötig und für den Kräuteranbau nicht einmal wünschenswert, Dünger oder sogar große Mengen Dünger zu streuen, denn Kräuter reagieren auf frische organische Dünger sehr empfindlich.

Vielmehr ist es wichtig, daß der Boden gut mit ausgereiftem Kompost versorgt ist, dem man beim Aufsetzen neben Pflanzen- und Küchenabfällen alle notwendigen Dünger zusetzt, die reich an Nährstoffen und Spurenelementen sind, also tierische Dünger, Algendünger (zum Beispiel Meerwunder), Algenkalk, Ton- und Gesteinsmehl. Je besser die Bodenorganismen die Dünger in die Komposterde einbauen, desto harmonischer verlaufen später die Aufnahme- und Abgabeprozesse zwischen Pflanzenwurzeln und Boden, so daß eine optimale Versorgung der Pflanzen mit allen nötigen Substanzen gewährleistet ist.

Tee aus Kamillenblüten beruhigt den Magen.

Kräuter und Heilpflanzen als Bereicherung der Nahrung

Wenn man auch in manchen Gegenden Sauerampfersuppe ißt oder den Speiseplan durch Löwenzahnblätter als verdauungsanregende Salatvariante ergänzt, so lassen sich im allgemeinen aber weder Garten- noch Wildkräuter oder gar Heilpflanzen als Hauptnahrungsmittel verwenden.

Unsere Nahrung ist für unseren Körper in jedem Fall ein wenig giftig. Alle aufgenommenen Speisen müssen im Verdauungstrakt zunächst in Grundsubstanzen verwandelt werden, ehe sie dem Aufbau des Körpers dienen können.

Dabei lassen sich bereits große Unterschiede in der Verträglichkeit erkennen. Niemand würde es beispielsweise einfallen, täglich genauso viel Butter wie Brot zu essen. Trotzdem ist es der Gesundheit keines Menschen abträglich, täglich etwas Butter und einige Scheiben Brot zu sich zu nehmen. Dagegen ist es nicht zu verantworten, seinem Körper jeden Tag Sauerampfersuppe zuzuführen.

Kleine Mengen Löwenzahn können jedoch durchaus öfter den Speisezettel bereichern. Von Gewürzkräutern fügt man der Nahrung nur soviel wie nötig zu, um den Geschmack von Speisen zu verbessern und den Appetit anzuregen. Dabei setzt die Schärfe mancher Kräuter oder die Eigentümlichkeit ihres Geschmacks der Menge von allein Grenzen. Mild schmeckende Kräuter, wie beispielsweise Borretsch, können reichlicher verwendet werden.

Die bereits erwähnten Kräuter, aber auch bestimmte Gemüse wirken ebenfalls günstig auf die Gesundheit. Viele von ihnen können täglich roh genossen werden, zum Beispiel alle grünen Salate und Fruchtgemüse. Sie sind durch Sonnenlicht und -wärme bereits soweit für unseren Körper aufbereitet, daß sie gut vertragen werden.

Anders ist es bei Wurzelgemüse. Wenn nicht eine bestimmte Organschwäche vorliegt, die eine Kur mit einem rohen Wurzelgemüse günstig erscheinen läßt, sollten Wurzelgemüse besser öfter gedämpft oder schonend gekocht werden. Dadurch holt man die bei Wurzeln zu kurz gekommene Behandlung mit Sonnenwärme nach.

Die Küchenschelle ist eine Heilpflanze, die Gift enthält.

Unter den Kräutern gibt es eine Reihe von Giftpflanzen. Viele von ihnen findet man auch in Gärten, wie beispielsweise den Roten Fingergut. Solche Pflanzen wirken zwar – auch gerade in Naturgärten – sehr reizvoll, aber ihre Anwendung als Heilmittel muß der medizinischen Wissenschaft vorbehalten bleiben.

Man kann jedoch aus der Nutzung solcher stark giftigen Pflanzen in der Medizin erkennen, daß sie in kleinen Mengen, oft sogar in homöopathischer Dosierung, Krankheiten heilen können. Der Widerstand, den der Körper dem Gift entgegensetzt, ist der eigentliche Kraftquell, der zur Gesundung, beziehungsweise zur Gesunderhaltung beiträgt.

Kräuter für Kinder

Was für Erwachsene bekömmlich oder sogar hilfreich ist, braucht noch lange nicht für Kinder geeignet zu sein. So ist es auch bei Garten- und Heilkräutern.

Vor allem kleinere Kinder brauchen mild gewürzte Speisen. Der Milchsaft des Löwenzahns kann sogar giftig für den kindlichen Organismus sein. Es kommt dann nach dem Genuß des bitteren Löwenzahns zu Übelkeit, Erbrechen, Durchfall und manchmal auch zu Herzrhythmusstörungen.

Die folgende Zusammenstellung gibt eine Übersicht über die Kräuter, die von Kindern nur in geringen Mengen gegessen werden und auch beim Erwachsenen nicht überdosiert beziehungsweise täglich angewendet werden sollten.

Garten- und Wildkräuter

Bohnenkraut
Brunnenkresse
Gundelrebe
Huflattich
Johanniskraut (macht lichtempfindlich)
Melde
Kamille
Kapuzinerkresse
Löwenzahn
Majoran
Meerrettich
Pfefferminze (gar nicht bei Säuglingen und Kleinkindern)
Pimpinelle
Rosmarin
Salbei
Sauerampfer
Senf
Thymian
Waldmeister
Wermut

Wildbeeren

rohe Ebereschenbeeren
rohe Holunderbeeren
Schlehen

Schwangere Frauen dürfen den Speisen wegen der Gefahr einer Fehlgeburt weder Oregano noch Liebstöckel oder Wermut zufügen. Auch die kurmäßige Anwendung von Sellerierohsaft ist bedenklich.

Kräuter und Allergien

Auch Kräutern gegenüber muß man heute kritisch sein. Aus dem Garten kann man sie meist unbedenklich nehmen, aber wenn sie an Weg- und Feldrändern wachsen, kann man nicht sicher sein, von welchen Giften sie etwas mitbekommen haben.

Doch das ist noch nicht alles. Mancher meint, durch ein Kraut gesund zu werden und ahnt nicht, was er sich antut, denn auch Kräuter können heute Allergien auslösen, was wahrscheinlich damit zusammenhängt, daß die Allergiebereitschaft der Menschen durch die Überfrachtung mit Schadstoffen allgemein zugenommen hat.

So mancher wollte sich seine Krampfadern mit Ringelblumensalbe kurieren und bestrich sie abends mit dieser Salbe. Morgens war er erstaunt, dicht bei dicht offene oder eiternde kleine Pusteln auf seinen Waden vorzufinden. Wer nicht ahnt, daß diese Erscheinung durch die doch sonst so rasch wundheilende Ringelblume kommt und weiterbehandelt, hat bald ein offenes Bein. Unter Umständen versucht er es immer wieder mit dieser Salbe und leidet jahrelang unter offenen Wunden, ohne zu ahnen, wovon diese kommen, denn Ringelblumen werden ja gerade wegen ihrer heilenden Wirkung auf Wunden angewendet und haben diese Wirkung in den meisten Fällen auch.

Außer der Ringelblume gibt es noch einige andere Kräuter, auf die empfindliche Menschen allergisch reagieren können: Anis, Beifuß, Dill, Fenchel, Kamille, Knoblauch, Koriander, Kümmel, Paprika, Pastinak, Petersilie, Pfefferminze, Wermut und Zwiebeln.

Manche Menschen reagieren auf Schafgarbenbäder, sogar bei Berührung mit Schafgarbenkraut, zum Beispiel beim Lagern auf einer Wiese, mit spezifischen Hautausschlägen. Dann ist meist auch Schafgarbentee unverträglich.

Allergien, die auf Kräuter zurückzuführen sind, treten bisher allerdings selten auf. Trotzdem sollte man beim Auftreten von allergischen Symptomen bedenken, daß diese auch von Kräutern stammen können. Man läßt dann einige Tage alle Kräuter weg und macht anschließend erneut vorsichtig Versuche mit einzelnen Heilkräutern und Gewürzen. So läßt sich am schnellsten herausfinden, ob die Allergie überhaupt durch ein Gewürz oder einen Kräutertee verursacht wird. Im allgemeinen fördern Kräuter das Wohlbefinden sehr, ob man mit ihnen die Speisen würzt, Kräutertees trinkt oder Salbenzubereitungen und Körperöle mit Kräutern verwendet. Auch Kräuterbäder sind in den meisten Fällen eine Wohltat.

Die Geschichte der Heilkräuter

Wie es mit der Krankheit beim Menschen angefangen hat, können wir uns heute allenfalls – und auch nur höchst unzureichend – vorstellen, wenn wir an neu geborene Kinder denken.

Noch bildsam und ohne Bewußtsein ihrer selbst, lassen sich in ihren aufstrahlenden Augen beim anfänglichen Erkennen eines anderen Menschen oder der Dinge dieser Welt Sternenweiten erahnen.

So mögen etwa die Menschen der ersten Stunde auf dieser Erde gewesen sein, doch unvergleichlich weniger dieser Welt verhaftet als ein Neugeborenes heute.

Wirklich krank werden die Menschen erst geworden sein, nachdem sie sich auf diese Erde eingelassen hatten, wie es in der bildhaften Sprache der Mythen alter Völker dargestellt ist, in der Bibel als Sündenfall. Der Ungehorsam gegen die Götter, anders gesagt, das Vergessen der göttlichen Welt, macht krank.

Aus der griechischen Mythologie wissen wir, daß Asklepios, der Gott der Heilkunst, den Menschen zunächst noch zu Hilfe kam. In der Ilias schildert Homer, wie Menelaos, der König von Sparta, vom Sohn des Asklepios, dem Arzt Machaon, mit einer Salbe geheilt wurde.

Die Söhne des Asklepios sind seine geistigen Söhne, die ersten Ärzte des griechischen Altertums, die sich auf die Kenntnisse des Asklepios noch berufen konnten und vor allem Kräuter anwendeten, die zum Teil schon wie in der modernen Kräuterzubereitung in pflanzlichen Ölen ausgezogen oder mit tierischen Fetten zu Salben verarbeitet wurden.

Doch es sind auch ältere Aufzeichnungen bekannt, beispielsweise eine Tontafel, auf der ein Arzt der Sumerer im 3. Jahrtausend vor Christus in Keilschrift ein Rezept festgehalten hat, das empfiehlt, Samen von Schafgarbe und Thymian pulverisiert in Bier aufzulösen. Die alten Ägypter kannten bereits 800 Arzneien aus Kräutern, darunter Mohnsamen als Beruhigungs- und Schlafmittel für Kinder.

Von den Chinesen kennt man eine Zusammenstellung von 365 Kräutern des Kaisers Shen Nung, der vor fast 5000 Jahren regierte.

Ungefähr 3000 Jahre später schuf der Grieche Dioskurides ein umfangreiches Standardwerk über Drogen und deren Wirkungen.

Pedanios Dioskurides lebte im 1. nachchristlichen Jahrhundert und diente in römischen Legionen. Der hochgebildete Arzt bereiste das gesamte römische Reich und untersuchte alle Pflanzen, die er fand, auf ihre Eignung als wirksame Droge. In seinem Werk »De materia medica« beschreibt er ungefähr 800 Pflanzen und erstaunlich genau auch ihre Wirksamkeit.

Der heute noch bekannte römische Schriftsteller Gaius Plinius secundus war ein Zeitgenosse von Dioskurides und ein Freund der Heilkunde, der sich in seinen Büchern neben erdkundlichen und kunstgeschichtlichen Problemen mit Heilpflanzen und deren Anwendung beschäftigte, obwohl er eigentlich kaiserlicher Provinzverwalter, Offizier und zuletzt Flottenkommandant war.

Petersilie gehörte zu den Kräutern, die in den Gärten der Domänen Karls des Großen angebaut werden mußten.

Karl der Große schätzte auch die reinigende Wirkung des Lein. Die schleimbildenden Samen werden noch heute verwendet.

Die Weinraute war für Karl den Großen ebenfalls unverzichtbar, gehörte sie doch damals schon als Gewürz an Wildbraten.

Sowohl Dioskurides als auch Plinius benutzten als Quelle die Schriften des griechischen Arztes Diokles aus dem 4. Jahrhundert vor Christus.

Die Werke von beiden waren wiederum dem berühmten Arzt Galenos, auch Galen genannt, zugänglich, der sie erweiterte und von Fehleinschätzungen und Übertreibungen bereinigte.

Galenos wurde im 2. nachchristlichen Jahrhundert in Kleinasien geboren, wirkte aber viele Jahre in Rom und wurde dort berühmt. Hauptsächlich aber waren es die Schriften des Dioskurides, die sich über Byzanz nach Osten hin verbreiteten. Seine und andere Werke aus dem alten Griechenland und Rom wurden zu Grundlagen der hochentwickelten Heilkunst der islamischen Welt.

Das technische Geschick der arabischen Ärzte führte zur Wissenschaft der Pharmakologie mit neuen Zusammenstellungen von Kräutern, die extrahiert, destilliert und fermentiert als gereinigte Medizin verordnet wurden.

Durch das Vordringen der islamischen Heere bis nach Frankreich und die Verbreitung der arabischen Errungenschaften gelangte auch das medizinische Wissen nach Europa. Ungefähr 2000 Drogen und die Erfahrungen, die arabische Ärzte, unter ihnen der berühmte Avicenna, mit ihnen gemacht hatte, standen den Heilkundigen des christlichen Mittelalters zur Verfügung.

Dazu kam noch das alte, naturhafte Wissen aus germanischer und keltischer Zeit, denn auch bei diesen Völkern heilte man schon immer mit Kräutern.

Bei den Germanen waren es vorwiegend Frauen, die sich mit der Behandlung der Kranken befaßten. In der »Edda« werden neun Jungfrauen erwähnt, die mit Besprechen und heilenden Kräutern Kranke gesund machten.

Karl der Große erließ um das Jahr 800 für seine Domänen ein Edikt, in dem die Kräuter angegeben waren, die in den kaiserlichen Gärten angebaut werden mußten. Darunter waren Koriander, Lein, Liebstöckel, Minze, Petersilie und Weinraute.

Mit der Gründung der Klöster ging die Pflege von Kranken in die Hände der Ordensbrüder und -schwestern über. Die Nonnen und die

Mönche vereinten das Heilpflanzenwissen der alten Griechen und Roms mit dem der Germanen und Kelten.

Das kommt auch in den Werken der berühmten Heilkundigen des Mittelalters, der Äbtissin Hildegard von Bingen, zum Ausdruck.

Damals hielt man viel von der Signatur der Pflanzen. Der Ähnlichkeit der äußeren Form der Heilkräuter mit inneren Organen des Menschen schrieb man die medizinische Wirkung der Drogen zu.

Paracelsus, der berühmte und weit herumgekommene Arzt des 16. Jahrhunderts, gab der Heilkunst neue Impulse und kämpfte vor allem gegen die sklavische Übernahme von Rezepturen, auch wenn sie angeblich von Hippokrates, Galenos oder Avicenna stammten. Paracelsus schätzte das umgekehrte Vorgehen höher ein. Er sammelte in harter Arbeit eigene Erfahrungen und verglich sie dann mit denen seiner Vorgänger. So fand er manches bestätigt, anderes mußte er als Irrtum verwerfen.

So verordnete er als sanftes, aber nachhaltig wirkendes Schlaf- und Beruhigungsmittel Salat und konnte feststellen, daß es auch Galenos bereits in Rom verschrieben hatte.

Das Vorgehen von Paracelsus ist auch in der modernen Heilpflanzenkunde maßgebend. Man untersucht die Wirkstoffe der einzelnen Pflanzen, macht Erfahrungen mit ihrem Zusammenwirken und zieht altes Wissen heran, um zu vergleichen.

Dabei stellt sich oft heraus, daß noch längst nicht alle Geheimnisse der Heilpflanzen gelüftet sind. Ihre Wirkung beruht oftmals auf dem Zusammenhang zwischen verschiedenen Substanzen einer oder auch verschiedener Pflanzen.

Die modernen Methoden der Untersuchung von Kräutern gewähren aber auch überraschende Einblicke in bisher unerklärliche Erfahrungen. Außerdem wurden neue Stoffe und deren positiver Einfluß auf Krankheiten entdeckt. Vieles, was dem Fortschrittsglauben des 19. Jahrhunderts durch die Anwendung chemischer Mittel zum Opfer fiel, wird im 20. Jahrhundert wieder entdeckt und angewendet. Zwar wirken Kräuter in der Regel nicht so unmittelbar und schnell wie viele Pillen und Spritzen, aber dafür sind auch bei längerem Gebrauch von Heilkräutern weit seltener Nebenwirkungen zu befürchten, als das bei anderen Medikamenten der Fall ist.

Die Mariendistel, eine leberschützende Pflanze aus dem Mittelmeerraum, ist bei uns aus Kulturen verwildert. Mit dem T▨ aus den Samen behandelt man Hepatitis e▨ ▨reich nach.

Auch die Artischocke ist am Mittelmeer beheimatet. Blütenhüllblätter und Blütenboden sind nicht nur eine Delikatesse, sondern stärken auch die Leber.

Heilende Pflanzen im eigenen Garten

Nur nebenbei sei hier darauf hingewiesen, daß nicht nur Kräuter, sondern auch Kulturpflanzen wie Gemüse, Obst und Beeren, selbst Zierpflanzen als Heilpflanzen eingesetzt werden können.

Äpfel sind im allgemeinen sehr geschätzte Früchte. Sie schmecken nicht nur gut, sondern sind wegen ihres Gehalts an Vitaminen, Mineralstoffen, Fruchtsäuren und wegen ihres Basenüberschusses auch gesundheitsfördernd. Wegen ihres hohen Anteils an Pektin – eines natürlichen Geliermittels – in Schalen und Kerngehäuse wurden Äpfel früher in der Medizin bei der Bluterkrankheit eingesetzt, um schwere Blutungen zu stillen.

Nur wenig bekannt ist dagegen, daß geriebene Äpfel ein ausgezeichnetes Mittel bei Durchfällen, schwerem Darm- und Magenkatarrh, ja selbst bei Paratyphus ist.

Durchfälle sind an sich der Versuch des Körpers, sich selbst zu reinigen. Deshalb ist es nicht sinnvoll, ein stopfendes Mittel einzunehmen. Im Gegenteil sollte ein beginnender Durchfall durch einen mild wirkenden Abführtee zunächst unterstützt werden, zum Beispiel durch Leinsamen-, Stiefmütterchen- oder Bärlapptee.

Über längere Zeit schwächt Durchfall den Körper allerdings sehr. Deshalb sollte nach der ersten gründlichen Darmreinigung eine Apfelkur begonnen werden.

Man braucht pro Tag 1½ kg reife Äpfel. In acht Portionen aufgeteilt, reibt man die vom Kerngehäuse befreiten Äpfel mit Schale über den Tag verteilt auf einer Glas- oder Kunststoffreibe. Die jeweilige Portion wird sofort nach dem Reiben gegessen und dabei gut gekaut und eingespeichelt.

Selbst in schweren Fällen tritt bereits am ersten Tag eine deutliche Besserung ein. Meist sind die Patienten am zweiten Tag beschwerdefrei. Dann kann allmählich zu normaler Vollwertkost übergegangen werden, wobei täglich eine stetig abnehmende Anzahl von Apfelbreiportionen gegessen werden sollte.

Ein reifer Apfel, wie zum Beispiel dieser Augustapfel, kann heilende Wirkung haben.

Die geriebenen Äpfel wirken im Darm wie ein Schwamm, der alle giftigen Stoffe aufsaugt und rasch aus dem Körper entfernt. Dazu kommt die heilende Wirkung der Gerbstoffe, Mineralien, ätherischen Substanzen und Fruchtsäuren, nicht zuletzt auch der entzündungshemmende Basenüberschuß. Deshalb müssen die Äpfel absolut reif sein. Unreife Äpfel würden den Durchfall verstärken.

Äpfel sind außerdem ein gutes Mittel gegen Kreislaufstörungen, Gefäß- und Herzkrankheiten. Apfelsaft wirkt bei Nervenschwäche beruhigend und entspannend.

Eine weitere Frucht kann bei schweren Gallenleiden helfen, zumal dann, wenn feste Speisen nicht vertragen werden. Gallenleidende vertragen ganz ausgezeichnet überreife Birnen aus dem Biogarten. Die Birnen müssen aber geschält werden. Unter der Schale sollte sich noch eine dünne, weiße Schicht befinden, so daß man sicher ist, daß noch keine Fäulnisbakterien in die Birne eingedrungen sind. Im Innern ist jedoch eine Gärung des Fruchtfleisches vor sich gegangen. Diese macht Birnen so leicht verdaulich.

Der Gallekranke nimmt acht Tage lang morgens, mittags und abends nichts anderes zu sich als das Innere reifer, biologisch gezogener Birnen. Zwischen den Mahlzeiten darf er Leinsamen, Ackerschachtelhalm- oder Brennesseltee trinken, und zwar drei Stunden nach jeder Mahlzeit und spätestens eine halbe Stunde vor der nächsten.

Nach diesen acht Tagen ist der geschwächte Patient meist so gekräftigt und sein Zustand so weit gebessert, daß er sich nach und nach an zunächst leicht verträgliche und später an normale Vollwertkost gewöhnen kann.

Nicht weniger gesundheitsfördernd sind Gemüse. Hier soll nur einmal der Kopfsalat aus der Fülle der Gemüsepflanzen herausgegriffen werden.

Speziell der milchige Saft, der aus abgeschnittenen Strünken und den dicken Rippen von Kopfsalat tropft, fördert den Schlaf, ohne die schädigenden Nebenwirkungen vieler Medikamente zu haben. Und selbst wenn man schon alle Arzneimittel ausprobiert hat, sollte man es mit Salat versuchen.

Man muß allerdings anfangs jeden Abend drei Salatköpfe zu sich nehmen. Da das Verzehren in rohem Zustand etwas langwierig ist, sollte man nur einen Teil der Salatblätter roh essen. Den größeren Rest kann man dämpfen und mit zerlassener Butter oder einer Soße servieren. Dabei werden die Strünke und Rippen mitverwendet.

Schon die erste Nacht nach dem Salatgenuß

Grüner Salat beruhigt die Nerven und fördert den Schlaf.

wird die bedauernswerten Schlaflosen von der Wirkung einer Salatkur überzeugen. Man braucht bei solch einer Kur nichts anderes zu machen, als über längere Zeit jeden Abend drei Köpfe Salat zu essen. Danach schläft man nicht nur gut, sondern wird auch nach einiger Zeit feststellen, daß man gute Nerven bekommt. Hat man das erreicht, kann man auf zwei und später auf einen Salatkopf pro Abendessen zurückgehen.

Auch im Ziergarten wachsen zahlreiche Heilpflanzen. Viele von ihnen trifft man in der freien Natur ebenfalls an, zum Beispiel Birke, Gänseblümchen, und Heidekraut.

Allerdings findet man unter den aus der Natur in den Ziergarten übernommenen Pflanzen eine ganze Reihe heilkräftiger Giftpflanzen. Zu ihnen gehört nicht nur der tödlich giftige Rote Fingerhut, sondern auch der gefleckte Aronstab, die schwach giftige Berberitze, der Besenginster, der Buchsbaum, das Adonisröschen, die Herbstzeitlose, der Eisenhut, die Küchenschelle, das Maiglöckchen, der frühe Blüher Seidelbast und andere. Deshalb sollte man auch aus dem Garten nur solche Pflanzen für die Gesundheitsförderung nutzen, die man genau kennt und von denen man vor allem weiß, daß sie nicht giftig sind.

In diesem Buch geht es allerdings nicht um die Heilung von schweren Krankheiten, die in die Obhut des Arztes gehören, sondern um den Gebrauch von biologisch gezogenen Kräutern im täglichen Leben zur Vorbeugung von Krankheiten und Kräftigung der Gesundheit, die ja stets eine Gratwanderung ist, bei der sich Aktivität, Anstrengung und Ausgleich in rhythmischer Folge wiederholen müssen.

Es spricht sicher nichts dagegen, einen Heilungsprozeß mit den entsprechenden Kräutern zu unterstützen, aber keinesfalls sollten Sie Krankheiten auf gut Glück und ohne einen Arzt zu konsultieren mit Kräutern und Heilpflanzen zu behandeln versuchen.

Aber − richtig angewendet − ist der Garten eine reichhaltige Hausapotheke, die sogar noch ganz nebenbei hilfreiche Pflanzen kostenlos zur Verfügung stellt, um kleine Unpäßlichkeiten zu beheben und vor allem ernsthaften Krankheiten vorzubeugen.

Die Herstellung von Jauchen, Brühen und Auszügen

Kräuter sind für andere Gartenpflanzen als Flüssigdünger oder als Spritzmittel von großer Bedeutung.

In beiden Fällen fördern sie Wachstum und Gesundheit der Pflanzen, die dadurch weniger von Schädlingen und Pflanzenkrankheiten befallen werden.

Jauche stellt man her, indem man ein größeres Gefäß aus Holz, Steingut oder emailbeschichtetem Metall etwa zu Dreiviertel mit zerschnittenen Kräutern füllt. Darüber gießt man Biosmonwasser.

(Biosmon ist ein Mineralgemisch, das Chlor neutralisiert und dem Wasser seine natürliche Spannkraft wiedergibt.)

Um den Geruch, der bei der Gärung auftritt, zu mildern, kann man dem Gebräu Baldrianblütenextrakt und eine Handvoll Gesteinsmehl hinzufügen.

Das gefüllte Gefäß stellt man warm und rührt täglich wenigstens einmal, besser jedoch mehrmals um.

Je nach Umgebungswärme beginnt frühestens nach drei Tagen die Gärung. Diese erkennt man am Aufschäumen der Flüssigkeit beim Umrühren.

Sobald keine Blasenbildung beim Umrühren mehr auftritt und sich eine Haut bildet, die zuletzt wieder vergeht, ist die Jauche fertig. Sie wird den Angaben bei den einzelnen Kräuterdarstellungen entsprechend verdünnt, eher mehr als zu wenig, denn Jauchen sind sehr konzentriert.

So nützlich sie sind, können sie pur doch schaden, weil sie so Verbrennungen oder Ätzungen an den Pflanzen hervorrufen oder zu Geilwuchs führen können.

Kräuterbrühen werden ebenfalls mit kaltem Wasser angesetzt, aber nur 24 Stunden stehengelassen. Dann kocht man die Flüssigkeit ½ Stunde bei mäßiger Hitze und unter öfterem Rühren gut durch, läßt die Brühe erkalten und seiht sie anschließend ab. Auch

Beinwell ist eine gehaltvolle Pflanze zur Herstellung düngender Jauchen.

Brühen verdünnt man mit Wasser. Die Mengenverhältnisse werden bei den jeweiligen Kräutern erklärt.

Auszüge stellt man her, indem man kleingeschnittene Kräuter in Biosmonwasser ansetzt und dann 8–12 Stunden ziehen läßt. Nach dem Abseihen und Verdünnen (Näheres bei den jeweiligen Kräutern) können sie sofort genutzt werden.

Die Kräuterabfälle von Jauchen, Brühen, Auszügen und Tees verarbeitet man im Kompost. Dort verrotten sie schnell zu kostbarem Humus.

Salben, Öle und Kräuteressig

Hat man Kräuter im Garten, sind eigene Zubereitungen von Salben, Ölen und Kräuteressig sehr günstig, zumal es nicht alles im Handel gibt, was man sich wünscht. Zur Herstellung von **Körperölen** füllt man eine klare Glasflasche mit dem jeweiligen Kraut beziehungsweise den Blüten. Dann gießt man kaltgeschlagenes Sonnenblumen- oder Olivenöl in die Flasche, so daß die Pflanzenteile gut bedeckt sind, die Flasche aber nicht ganz voll ist. Durch das Öl rutschen die Pflanzenteile etwas zusammen.

Diese wird hinter ein Fenster in die Sonne gestellt und jeden Morgen gründlich durchgeschüttelt. Nach 14 Tagen kann man die Kräuter abseihen und das so gewonnene Körperöl in kleinere, dunkle Flaschen abfüllen. So können beispielsweise Kamillenblüten-, Lavendel- und Calendulaöl zubereitet werden.

Wer eine besonders gute Qualität seiner selbstgemachten Körperöle erreichen will, der verfahre nach dem Aussaatkalender von Maria Thun und pflücke die Blüten morgens bei sonnigem Wetter an einem Blütentag und schüttle die Flasche auch nur an Blüten- oder Fruchttagen.

Wer lieber eine **Kräutersalbe** benutzt, füge dem Öl, nachdem der Auszug 14 Tage in der Sonne gestanden hat und die Kräuter abgeseiht wurden, salzfreie Butter und etwas Bienenwachs hinzu. Beide werden vor dem Untermischen so weit erwärmt, daß sie flüssig sind, allerdings nicht über 40°C.

Das Kräuteröl füllt man in eine Porzellanschüssel. Die flüssige Butter und das Bienenwachs werden allmählich und unter ständi-

Obstessig und Weinessig bekommen durch frische Kräuter einmalige Geschmackskomponenten.

Auch Speiseöle lassen sich durch frische Kräuter geschmacklich verändern und mit wertvollen Stoffen anreichern.

gem Rühren mit einem Holzlöffel unter das Öl gemischt, bis eine cremige Substanz entstanden ist. Einreibungen sind bei manchen Beschwerden oft noch wirksamer als innerliche Anwendungen.

Am einfachsten ist **Kräuteressig** herzustellen. Man steckt in die Essigflasche einfach einige Stengel des gewünschten Krautes, zum Beispiel frische Triebe von Estragon, Dill, Lavendel, Rosmarin, Ysop oder zwei bis drei Blätter von Pimpinelle, Kerbel oder Salbei. Jedes dieser Gewürzkräuter gibt dem Essig sein spezielles Aroma.

Man kann auch Triebe verschiedener Kräuter zusammen in Essig geben, zum Beispiel Estragon, Melisse und eine Schalotte.

Die verschlossene Essigflasche mit den Kräutern sollte zwei bis drei Wochen an einem warmen Platz stehen und durchziehen. Danach seiht man sie ab. Weil die Kräuter so hübsch in der Glasflasche aussehen, kann man frische Kräuter in den Essig stecken und ihn so auf den Eßtisch stellen. Er ist dann nicht nur für den Gaumen, sondern auch für die Augen ein rechter Schmaus.

Kräuter im kalten Gewächshaus stehen im Mai in üppiger Fülle zur Verfügung.

Konservierung und Aufbewahrung

Frisch aus dem Hausgarten den Speisen zugefügt, haben Kräuter alle ihre Inhaltsstoffe und ihr volles Aroma. Daran sollte man immer denken und möglichst oft Kräuter direkt aus dem Garten frisch für die nächste Mahlzeit schneiden.

Einige Kräuter kann man sogar noch unter der Schneedecke hervorholen, besonders in milden Wintern. Zu diesen gehören Brennessel, Gänseblümchen, Löwenzahn, Melisse, Petersilie, Pimpinelle, Oregano, die kleinen Fiederblätter der Schafgarbe und Spitzwegerich. Ist die Schneedecke hart gefroren, kann man sich immer noch helfen, indem man über einige Pflanzen eine Folie, ein Vlies oder einen Folientunnel breitet. Auch das Frühbeet und ein warmes Gewächshaus bieten auch im Winter frische Kräuter.

Einige Kräuter lassen sich ausgezeichnet am Küchenfenster überwintern, wo man sie auch gleich zur Hand hat. Am beliebtesten ist wohl der Schnittlauchtopf. Genauso läßt sich Blattpetersilie im Herbst ausgraben und in einen Topf einpflanzen, so daß sie am Fenster weiterwächst.

Auch Bergbohnenkraut und Thymian gedeihen im Winter gut am Fenster, allerdings muß es ein Fenster an der Süd- oder Südostseite sein.

Rosmarin übersteht nur sehr milde Winter im Freien. Er wird im Herbst auf jeden Fall eingetopft und an ein Südfenster gestellt. Genauso macht man es in Gegenden mit kalten Wintern mit Lavendel.

Gartenkresse kann man den ganzen Winter über mit Folgesaaten in Keimboxen, auf Watte oder etwas Erde ziehen und täglich frisch genießen. Sie wächst sehr rasch und kann nach wenigen Tagen geerntet werden (siehe auch Seite 50).

Die Gundelrebe blüht schon im März und trägt zur Entschlackung bei.

Gänseblümchenblätter gibt es vom frühesten Frühjahr ab, oft sogar mitten im Winter.

Auch Borretsch läßt sich im Winter in Saatschalen, Blumentöpfen und -kästen heranziehen, damit man laufend Jungpflanzen ernten kann. Er braucht nach dem Aufgang der Samen ein sonniges Fenster.

Will man Kräuter aufbewahren, so muß man schon bei der Ernte einige grundsätzliche Regeln beachten. Zunächst sollten alle Kräuter bei klarem Wetter geerntet werden, außerdem Blätter, Stengel und Blüten am frühen Vormittag, Wurzeln am Nachmittag, denn das ist jeweils die Zeit der höchsten Wirkstoffgehalte dieser Pflanzenteile. Weitere Einzelheiten in bezug auf die Ernte werden bei der Beschreibung der einzelnen Kräuter dargestellt.

Die beste Konservierungsart für Kräuter ist das Trocknen. Viele Kräuter behalten dabei ihr unverwechselbares Aroma.

Von solchen Kräutern, wie beispielsweise Melisse oder Bohnenkraut, pflückt man die Triebe, bündelt sie zu Sträußen und hängt die Sträuße im Schatten unter einem Dach an einem luftigen, warmen Platz zum Trocknen auf. Genauso werden Blüten behandelt, wenn es sich um größere Blütenstände handelt, wie zum Beispiel bei Holunderblüten. Meist müssen Blütenstände, die man hängend trocknen will, allerdings in Tücher aus Gaze eingebunden werden, damit die Blüten nicht zu Boden fallen.

Kurze Triebe, Einzelblüten beziehungsweise Korbblüten, wie sie die Kamille ausbildet, und Blätter legt man als lockere, dünne Schicht auf unbedrucktes Papier oder ein Tuch aus Naturfasern und läßt sie ebenfalls an einem luftigen, warmen Platz im Schatten gründlich trocknen.

Bei fleischigen Blättern, Früchten und Wurzeln kommt auch die Trocknung im Backofen oder in einer Darre in Betracht. Die Temperatur sollte grundsätzlich 40°C nicht überschreiten.

Wurzeln müssen vorher meist von Erde befreit und gewaschen werden. (Spezielle Einzelheiten sind der jeweiligen Pflanzendarstellung unter dem Stichwort Ernte zu entnehmen.) Größere Früchte und dicke Wurzeln werden geteilt oder in mehrere Teile zerschnitten, damit sie rascher und auch gründlich durchtrocknen.

Bei feuchtkaltem Wetter sollten Kräuter weder geerntet noch an der Luft getrocknet werden. Hat man die Kräuter noch bei klarem Wetter eingebracht, aber zum anschließenden Trocknen eine regnerische Periode, so ist es in vielen Fällen besser im Backofen zu trocknen.

Nach dem Trocknen werden Blätter von zähen Stengeln und Blüten von Dolden abgerebelt und in verschließbaren Gläsern im Dunkeln aufbewahrt.

Getrocknete Kräutersträuße, die man für Bäder verwenden will, kann man einfach hängen lassen, zum Beispiel Brennessel- oder Melissensträuße.

Man kann Kräuter auch durch Einsalzen haltbar machen, wobei 25 g Salz auf 100 g frische Kräuter genommen werden. Diese Methode entzieht den Pflanzen jedoch nicht nur die Farbe, sondern auch Wirkstoffe.

Die auf Seite 27 beschriebene Zubereitung von Kräuterölen und -essig ist ebenfalls eine Haltbarmachung, die immer beliebter wird. Allerdings lassen sich auf diese Weise nur kleine Kräutermengen verwenden.

Von vielen Hausfrauen wird das Einfrieren von Kräutern sehr geschätzt. Form und Farbe der Kräuter bleiben bei dieser Methode am besten erhalten. Ob es mit den Wirkstoffen genauso ist, darüber gehen allerdings die Meinungen auseinander. Wer sensible Geschmacksnerven hat, wird merken, daß sich das Aroma durch Einfrieren verändert.

Es gibt verschiedene Methoden, um Kräuter durch Einfrieren haltbar zu machen. Man kann die gewaschenen Kräuter locker in Gefriertüten oder -gefäße stecken oder fein hacken und fest in ein Gefäß einstampfen. Will man eine Speise würzen, muß der eingestampfte gefrorene Block aus der Dose herausgenommen und angeschnitten werden. Um sich diese Arbeit zu ersparen, kann man die Kräutermasse – übrigens auch eine Kräutermischung – in Eiswürfelschalen einfrieren und zum Würzen nach Bedarf ein oder zwei Würfel entnehmen.

Samen werden nach dem Herausschütteln aus Samenständen ausgebreitet auf einem Bogen Papier oder einem Tuch nachgetrocknet. Hat man sie, wie zum Beispiel bei den Hagebutten, aus der Frucht gelöst, dauert es einige Zeit länger, bis die Kerne trocken sind. Die trockenen Samen oder Kerne werden in verschlossenen Glasgefäßen, Baumwoll- oder Leinenbeuteln aufbewahrt.

Hagebutten werden zum Trocknen geteilt.

Beliebte Garten- kräuter

Es gibt Kräutergärten, denen man ihre spezielle Aufgabe, nämlich Kräuter für Speisen, Tees, für düngende Jauchen oder aber für die Heilung von Pflanze, Tier und Mensch bereitzuhalten, gar nicht ansieht. Sie wirken eher wie Ziergärten. Unter den Rosen wachsen Thymian, Quendel, Majoran und Schnittlauch. Die blauen Sternenblüten des Borretschs nicken den duftenden Blüten roter Rosen zu, die sich scheinbar zum Ziel gesetzt haben, dem Blütenreichtum des Gurkenkrautes nachzueifern.

Kerbel macht sich zu Füßen der Dahlien breit. Die leuchtenden Blütenschönheiten haben dank des Kerbels keine von Nacktschnecken abgefressenen Blätter, denn die Ausdünstungen des Kerbels sind den Schnecken höchst unsympathisch.

Die Melisse bildet große Stauden im Halbschatten von Sträuchern. Dort gedeiht sie fast noch besser als in praller Sonne. Ihre Blätter bleiben länger zart. Läßt man einen Teil von diesen zitronenduftenden Labiaten als Bienenweide zur Blüte kommen, so blühen sie im Halbschatten reicher und anhaltender. Auch das ausdauernde Bergbohnenkraut verträgt erstaunlich gut Halbschatten. Es hängt verschönernd über U-Steinen herunter, wo sich seinen kleinen weißen Blüten die hellpurpurne Blütenfülle des Oregano entgegenstreckt.

Petersilie bildet sattgrüne Kissen zwischen den Stauden einer Blumenrabatte, die von

Ziergartenpflanzen sehen nicht nur gut zusammen mit Kräutern aus, sondern sie werden von diesen auch gefördert.

Basilikum umrahmt wird. Dort findet man auch hier und da Echte Kamille, ganze Sträuße gelb- und orangeblühender Ringelblumen, den schmalblättrigen Estragon, und im Hintergrund recken sich einige Samenschirme des Dills der Sonne entgegen.

An einer feuchten Stelle wächst eine üppige Staude Pfefferminze. Auch sie scheint Rosen zu fördern. Man muß nur darauf achten, daß den Rosen genügend Platz für ihre Entwicklung bleibt.

Übrigens sind auch Rosen und viele andere Blumen Heilpflanzen. Der hohe Vitamin-C-Gehalt der reifen Früchte mancher Rosenarten, der Hagebutten, ist bekannt. Der aus ihnen bereitete Tee schmeckt nicht nur erfrischend. In erkältungsträchtigen Zeiten stärkt er die Abwehrkräfte, denn er fördert die Immunkörperbildung.

Hagebutten kann man auch im Ziergarten sammeln. Die roten Früchte entwickeln sich vor allem an Hecken-, Park- und Bodendekkerrosen, wenn sie nicht unreif oder noch gar nicht entwickelt abgeschnitten werden wie bei Beetrosen, die dadurch zu Blütennachwuchs, zum Remontieren, angeregt werden sollen.

Aber nicht nur die Hagebutten enthalten Heilkräfte. Die Blütenblätter, auch Petalen genannt, eignen sich frisch ausgezupft oder getrocknet für Tees, die sich nicht nur durch Wohlgeschmack auszeichnen, sondern auch Depressionen vertreiben.

Für Rosentee nimmt man auf ¾ l kochendes Wasser eine Handvoll getrocknete oder zwei Handvoll frische, duftende Blütenblätter. Nachdem die Inhaltsstoffe der Blütenblätter in dem heißen Wasser zehn Minuten ausgezogen wurden, siebt man die Blütenblätter heraus und serviert den köstlichen Tee entweder warm mit Honig oder kalt mit Zitronensaft. Die Inhaltsstoffe regulieren den Hormonhaushalt, vor allem den weiblichen, unterstützen die Leber, Galle- und Milzfunktion und beruhigen das Herz: alles in allem ein Tee für den modernen Menschen.

Nun aber zurück zu den Gartenkräutern. Mit Zierpflanzen gemischt, erhalten sie diese nicht nur gesund, sondern sie vermitteln auch eine besondere Atmosphäre: die Luft ist von zarten Düften durchströmt; Bienen, Hummeln, Schwebfliegen und Wespen durchtönen sie und schwirren geschäftig von Blüte zu Blüte; lautlos flattern Tagpfauenaugen, Landkärtchen, der Kleine und der Große Fuchs oder der rot gezeichnete Admiral munter umher. Solch ein Kräutergarten ist eine Ausweitung nach oben, mag er auch quadratmetermäßig recht begrenzt sein.

Das ist sogar gerade das Schöne am Kräutergarten. Er kann überall angelegt werden, ohne seine Nützlichkeit so augenfällig zu demonstrieren wie der Gemüsegarten. Ganz im Gegenteil sind Kräuter sogar noch ein verschönerndes Bindeglied zwischen Garten und Haus. Auf der Terrasse, dem Balkon, sogar auf dem Fensterbrett in Küche oder Wohnzimmer gedeihen sie in Töpfen, Blumenschalen und Balkonkästen. Einige der Kräuter sät oder pflanzt man ohnehin im Herbst in solche Gefäße, damit man sie auch im Winter frisch genießen kann.

Eine Bedingung ist allerdings allen Kräutern gemeinsam: sie gedeihen nicht auf frisch gedüngten Böden. Entweder sie bekommen garen Boden, auf dem vorher bereits ein Gemüse oder eine Gründüngungspflanze kultiviert worden ist, oder sie erhalten vor der Aussaat oder Pflanzung reifen Kompost. Die meisten Kräuter vertragen nicht einmal die für viele Gemüsepflanzen unverzichtbaren Pflanzenjauchegüsse während der Hauptwachstumsperiode.

Es ist selbstverständlich, daß auch der Boden, auf dem Kräuter wachsen sollen, vor oder gleich nach der Aussaat mit Hornmist behandelt wird, zumal die meisten Kräuter viel Licht und Sonne brauchen und deshalb während des Wachstums für Hornkieselspritzungen dankbar sind.

Die in diesem Kapitel angegebenen Gartenkräuter gehören zu den beliebtesten und stellen bereits eine kleine Hausapotheke dar: Sie machen Speisen bekömmlicher und beeinflussen Unpäßlichkeiten günstig. Viele Krankheiten könnten vermieden werden, wenn Kräuter aus dem Garten in das tägliche Leben einbezogen würden.

Basilikum
(auch Basilienkraut, Deutscher Pfeffer oder Suppenbasil genannt)

Ocimum basilicum
(Familie: Labiatae)

Basilikum

Herkunft und Beschreibung: Die Heimat des Basilikums ist vermutlich Indien. Seine Verbreitung in den Subtropen liegt so lange zurück, daß sich das Ursprungsland nicht mehr genau ermitteln läßt. Im Mittelmeerraum findet man es heute überall. Nördlich der Alpen ist es allerdings erst seit dem 12. Jahrhundert und nur in Kultur anzutreffen.

Die einjährige Pflanze mit langgestielten, ovalen, ganzrandigen oder leicht gezähnten sattgrünen Blättern an vierkantigen Stengeln ist buschig verzweigt und wird einschließlich der endständig weiß-, rosa- oder purpurblühenden Trugdolden bis zu 50 cm hoch.

Standort: sonnig und windgeschützt

Anbau: Der Boden für Basilikum sollte sandigen Lehm enthalten, der mit reifem Kompost angereichert ist. Enthält die Gartenerde keinen solchen Lehm, dann stellt man vor der Saat oder Pflanzung ein Erdgemisch aus reifem Kompost, Bentonit, Gesteinsmehl und etwas Sand her.

Da Basilikum frostempfindlich ist, kann erst Ende Mai nach den letzten Nachtfrösten ins Freie gesät werden. Es ist deshalb besser, bereits Ende März bis 18. April in der blattgünstigen Fischesonne in Gefäße am hellen Fenster eines mäßig warmen Raumes auszusäen.

Basilikum ist ein Lichtkeimer. Deshalb wird der Samen nur gut angedrückt. Im Freiland sät man mit 20–30 cm Reihenabstand. Schon nach zehn bis vierzehn Tagen geht die Saat auf. Später vereinzelt man die Sämlinge auf 25 cm. Die verzogenen Pflänzchen lassen sich sowohl verpflanzen als auch sofort in der Küche verwenden. Die Pflanzen werden buschiger und deshalb blattreicher, wenn man die jungen Triebe entspitzt.

Hat man ein schräges, sonniges Dachfenster oder ein warmes Gewächshaus, läßt sich Ba-silikum auch im Winter, am besten in der Skorpionsonne vom 20. November bis 19. Dezember, gut heranziehen, so daß die frischen Blätter auch im Winter für Speisen zur Verfügung stehen.

Pflege: Die Basilikumreihen werden am Nachmittag an Blattagen ab und zu durchgehackt. Das Kraut ist sehr wasserbedürftig, sollte jedoch nur mit abgestandenem und deshalb temperiertem Biosmonwasser gegossen werden, da es kälteempfindlich ist. Besonders in feuchtkühlen Sommern und bei der Kultur am gegenüber dem Freiland lichtärmeren Fenster empfehlen sich Hornkieselspritzungen.

Ernte: Die Blätter und jungen Triebspitzen können jederzeit geerntet werden. Man verwendet sie frisch.

Zum Trocknen schneidet man das Kraut je nach Sorte und Entwicklungsstand vor der Blüte an Fruchttagen im Juli oder August (20. 7.–10. 8. = Krebssonne = blattgünstig). Man hängt es an einem luftigen, aber warmen Ort in ganzen Sträußen auf oder streift die Blätter ab, um sie auf Papier ausgebreitet zu trocknen. Für heilkräftige Tees wird auch das blühende Kraut geerntet, dessen Blüten sich nacheinander entwickeln.

Verwendung in der Küche: Das zwar nicht so scharfe, aber dennoch an Pfeffer erinnernde beliebte Gewürz wird fein gehackt zu grünen Salaten und für pikante Quarkspeisen oder -soßen gebraucht. Fette Speisen, beispielsweise Braten und Backfisch, werden bekömmlicher.

Sehr beliebt ist es auch Basilikum auf Tomaten mit Mozzarella zu essen. Dazu werden reife schnittfeste Fleischtomaten in ungefähr 1 cm dicke Scheiben geschnitten. Mit dem Mozzarella wird ebenso verfahren. Dann legt man diese beiden Zutaten abwechselnd auf einen Teller. Basilikum wird klein geschnitten, mit Knoblauch, Salz und Pfeffer in Olivenöl verrührt und über die Speise gegeben.

Heilwirkung und Anwendung: Basilikum wirkt belebend und ist magen- und herzstärkend. Bei Übelkeit und Blähungen schafft es Abhilfe. Appetitlosigkeit und Verdauungsschwäche werden günstig beeinflußt. $1/4$ l Basilikumtee, am frühen Abend getrunken, beugt nervöser Unruhe und Schlaflosigkeit vor.

Chronische Blähungen können günstig beeinflußt werden, indem man zweimal acht Tage, mit einer dazwischen eingelegten Pause von vierzehn Tagen, morgens und abends je eine Tasse Basilikumtee trinkt.

Teezubereitung: 2 TL (Teelöffel) voll Basilikumkraut übergießt man mit kochendem Wasser und läßt den Tee zehn Minuten ziehen. Dann seiht man das Kraut ab und der Tee ist trinkfertig.

Samengewinnung: Die Früchte, kleine Halbnüßchen, brauchen sehr lange, um in unseren Breiten heranzureifen. Das gelingt allenfalls im Gewächshaus oder auf der Fensterbank, wenn man die Reifung der Samen mit Hornkieselspritzungen an Löwetagen zusätzlich fördert.

Pflanzenförderung: Basilikum wächst gut zu Füßen von Tomaten und Schnurgurken, die ebenfalls sehr viel Feuchtigkeit brauchen. Die Gesundheit der beiden Gemüsepflanzen wird günstig beeinflußt. Der herbe Duft von Basilikum scheint Schadinsekten zu irritieren. Auf der Nordseite von liegenden Gurken kann ebenfalls Basilikum wachsen.

Bohnenkraut

Bohnenkraut
Satureja hortensis

(einjährig, auch Kölle, Weinkraut oder Wurstkraut genannt)

Bergbohnenkraut
Satureja montana

(mehrjährig, auch Winterbohnenkraut genannt)

(Familie: Labiatae)

Diese beiden Kräuter unterscheiden sich weder im Geschmack noch im Aussehen. Auch ihre Verwendung in der Küche und zu Heilzwecken stimmt überein.

Einjähriges Bohnenkraut

Herkunft und Beschreibung: Die Heimat von Satureja hortensis wird zwischen dem Schwarzen Meer, dem Kaukasus und dem östlichen Mittelmeer vermutet. Es wurde bereits bei den Griechen und Römern angebaut und im Mittelalter durch die Benediktinermönche aus Italien zu uns gebracht.

Das etwa 40 cm hohe Bohnenkraut hat schmale Blätter und trägt in den oberen Blattachseln zwischen Juli und September einzelne, unscheinbare, weiße bis hellviolette Lippenblüten.

Standort: sonnig, trocken und windgeschützt

Anbau: Das einjährige Bohnenkraut wird Anfang bis Mitte April an Blattagen mit 20 x 25 cm Abstand in sandigen, garen Gartenboden ausgesät und als Lichtkeimer entweder nur in den Boden gedrückt oder mit wenig reifem Kompost bedeckt. Spätestens nach drei Wochen sind die Samen dann aufgelaufen.

Die Topfkultur entspricht der von Basilikum.

Pflege: Besondere Pflege ist nicht erforderlich.

Ernte: Blätter und Triebspitzen des Bohnenkrautes können immer frisch geerntet werden. Zum Trocknen schneidet man das ganze Kraut während der Blütezeit an Fruchttagen und hängt es in Sträußen luftig und warm

Bohnenkraut

auf. Es verliert auch getrocknet kaum von seinem würzigen Aroma.

Verwendung in der Küche: Bohnenkraut ist wie Basilikum und auch mit diesem zusammen für fette Speisen zu verwenden. Es macht alle Bohnengerichte verträglicher, eignet sich jedoch auch für rohe Salate aller Art. Wegen seines Thymolgehaltes sollte es nicht überdosiert werden. Schädigende Nebenwirkungen sind jedoch nicht bekannt.

Heilwirkung und Anwendung: Das aromatische Kraut wirkt günstig bei Verdauungsschwierigkeiten, Blähungen und Appetitlosigkeit. Auch gärende Durchfälle werden nach kurzer Zeit behoben, was wahrscheinlich auf den Thymolgehalt zurückzuführen ist. Sollte in dieser Hinsicht keine Wirkung oder nur eine vorübergehende eintreten, suche man unbedingt einen Arzt auf.

Bohnenkrauttee wird mit Vorliebe gegen Husten, der mit Verschleimung der Bronchien einhergeht, getrunken.

Der berühmte französische Naturheilarzt und Spezialist für Pflanzenheilkunde, Maurice Mességué, zählt Bohnenkraut zu den Aphrodisiaka. „Zählen Knoblauch, Zwiebeln, Sellerie, Fenchel, Salbei und Bohnenkraut zur täglichen Nahrung, so hat ein Paar mehr Chancen als andere, eheliches Glück zu erleben", so meint er.

Zusammen mit Rosmarin, Thymian und Salbei kann Bohnenkraut auch einem morgendlichen Bad zugefügt werden.

Teezubereitung: 2 TL Kraut übergießt man mit ¼ l kochendem Wasser, läßt den Tee zehn Minuten zugedeckt ziehen, seiht ihn ab und trinkt ihn gegen Husten mit 1 TL Honig, gegen Magen- und Darmbeschwerden ohne jeden Zusatz.

Samengewinnung: Die Samen, winzige Spaltnüßchen, säen sich leicht selbst aus.

Bergbohnenkraut

Herkunft und Beschreibung: Das in Spanien und Jugoslawien wild vorkommende Berg- oder Winterbohnenkraut ist frosthart und mehrjährig. Es wird deshalb auch gern im Steingarten als Zierstaude angepflanzt.

Sein Aussehen entspricht dem des einjährigen Bohnenkrautes. Die Blätter werden bei Blühbeginn jedoch etwas zäh. Triebspitzen kann man das ganze Jahr pflücken. Es gibt eine aufrecht wachsende und eine niederliegende Art.

Standort: sonnig bis halbschattig und trocken

Anbau: Bergbohnenkraut braucht einen etwas nährstoffreicheren Boden als das einjährige Bohnenkraut. Dieser sollte mit Steinmehl angereichert sein. Es wird von Mitte April bis Ende Mai mit 20 x 25 cm Abstand ins Freiland gesät. Man kann es auch leicht im Topf ziehen.

Pflege: Besondere Pflege ist nicht nötig.

Ernte: Bergbohnenkraut kann jederzeit frisch geerntet werden. Auch Trocknen in Sträußen ist möglich, aber nur dort nötig, wo der Garten im Winter tief verschneit ist und man nicht zusätzlich im Topf kultiviert.

Verwendung in der Küche: siehe einjähriges Bohnenkraut

Heilwirkung und Anwendung: siehe einjähriges Bohnenkraut

Pflanzenförderung: Bohnenkraut hält Läuse von Bohnen fern.

Borretsch

(auch Blauhimmelstern, Gurkenkraut, Herz-
blume, Liebäuglein oder Wohlgemuth genannt)

Borago officinalis
(Familie: Boraginaceae)

Herkunft und Beschreibung: Diese blüh-
freudige, an Blatt und Stengel reich behaarte
Pflanze, was auf Siliciumreichtum hindeutet,
wächst im Mittelmeerraum wild. Bei uns wird
sie in Gärten kultiviert und ist nur gelegentlich
in der Nähe von Anbauflächen auf Schuttplätzen verwildert anzutreffen, wohin Vögel
und Ameisen die großen, schwarzen Samen
tragen.
Das einjährige Kraut entwickelt sich rasch
zum blattreichen, bis zu 80 cm verzweigten,
hohen Busch, an dessen Triebenden sich gestielte, sattblaue, fünfblättrige Blüten entwickeln. Hat man Borretsch einmal im Garten, sät er sich leicht selbst aus und verschönt
mit seinen Blütensternen den Gemüse- und
Ziergarten.
Standort: sonnig bis halbschattig
Anbau: Borretsch bedarf keines besonderen
Bodens. Er kann schon ab Januar auf der Fensterbank für den täglichen Verbrauch der jungen, zarten Pflanzen ausgesät werden.
Ab März ist schon die Aussaat im Freien möglich. Man kann immer wieder nachsäen, um
zarte Blätter zu ernten. Die Samen keimen
rasch.
Auf jeden Fall sollten immer einige Pflanzen
zum Blühen kommen, da Borretsch eine gute
Bienenweide ist.
In den Blattachseln der Büsche wachsen zarte
Triebe, die für Speisen gepflückt werden.
Man sät eng, da die jungen Pflanzen wegen
ihres zarten Geschmackes rasch verbraucht
werden. Die übrigbleibenden Borretsch-
büsche sollten weit auseinander stehen
(40 cm), da sie sonst Mehltau und schwarze
Läuse bekommen können.
Für die Kultur auf einer Fensterbank eignen
sich besonders gut Blumenkästen.
Pflege: Der Boden sollte gelegentlich gehackt und bei Trockenheit gegossen werden.

Blühender Borretsch

Ernte: Die Blätter werden täglich frisch vom
Beet gepflückt. Auch die Blüten eignen sich
für Salate als Garnierung und für Bowlen. Ab-
gesehen davon, daß sie hübsch aussehen,
enthalten sie viel süßen Nektar.
Trocknen der Blätter lohnt sich nicht, da die
Inhaltsstoffe verlorengehen und der hohe
Wassergehalt die Trocknung zu langwierig
macht.
Verwendung in der Küche: Borretsch heißt
nicht von ungefähr Gurkenkraut. Es wird
gern fein gehackt zu Gurkensalat mit saurer
Sahnesoße oder Apfelessig serviert. Auch
beim Einlegen von Gurken werden Borretschblätter dazugegeben, sogar die blauen
Blüten, die auch Kräuteressig färben.
Ebensogut schmeckt Borretsch zu grünen
und Gemüsesalaten. Fahlgrünes Gemüse erhält durch mitgekochte Borretschblätter eine
kräftig grüne Farbe.
Heilwirkung und Anwendung: Borretsch
ist ein gutes Mittel gegen Nervosität, Herzklopfen und -flattern.
Auch Venen- und Schleimhautentzündungen
werden mit Borretschblättern behandelt. Gegen Venenentzündungen werden Borretschblätter mit einer Nudelrolle gründlich zer-

quetscht, auf die entzündete Stelle gepackt und mit einem Verband justiert.

Für Schleimhautentzündungen bereitet man einen kräftigen Tee aus zwei Handvoll frischer Blätter, die mit kochendem Wasser übergossen und zehn Minuten zugedeckt ausgezogen werden.

Bei Mundschleimhautentzündung trinkt man den abgegossenen Tee warm bis kühl schluckweise und behält jeden Schluck solange wie möglich im Mund.

Borretschfrischsaft ist ein hervorragendes Mittel gegen Depressionen. Man trinkt täglich morgens und mittags vor dem Essen je ein Likörglas frisch gepreßten Saft von Blättern und Stengeln.

Samengewinnung: Die schwarzen Samen fallen aus den sich öffnenden Kelchen heraus. Da Vögel sie gern fressen, muß man den ganzen Blütenstrauß in Gaze einbinden, wenn man die Samen ernten will. Auf der Fensterbank gestaltet sich die Samengewinnung einfacher. Dort breitet man lediglich kurz vor der Reife der ersten Samen Papier aus.

Pflanzenförderung: Borretsch enthält viel Silicium (Kieselsäure) und Kalium. Deshalb wird gern mit Borretschblättern gemulcht. Die behaarten Blätter lassen außerdem Schnecken andere Wege suchen. Für alle Kohlarten ist Borretsch eine gute Vorfrucht. Einige stehengelassene Pflanzen vertreiben den Kohlweißling.

Dill

(auch Dillsamen, Dillich oder Gurkenkümmel genannt)

Anethum graveolens
(Familie: Umbelliferae)

Herkunft und Beschreibung: Diese heute vor allem als Gewürz weltweit angebaute einjährige Pflanze wächst im Orient wild und ist auch im Mittelmeergebiet stellenweise verwildert.

Die Fiederblätter dieses Doldenblütlers sind noch schmaler als die des verwandten Fen-chels. Seine Sprosse werden bis zu 120 cm hoch und tragen vielstrahlige gelbblühende Doppeldolden. Gereifte Früchte sind braun.

Standort: sonnig und feucht, aber keinesfalls naß

Anbau: Dill bevorzugt einen guten, jedoch nicht zu nährstoffreichen reifen Kompost oder lehmhaltige, humose Gartenerde. Besonders kräftig gedeiht er, wenn man ihn bereits in den letzten zehn Novembertagen ins Freiland aussät.

Will man die handhohen Pflanzen schon im frühesten Frühjahr frisch gehackt den Speisen beigeben, dann sät man gleichzeitig im Balkonkasten auf der Fensterbank, im Frühbeetkasten oder im Gewächshaus aus. Die Samen keimen rasch.

Ab Ende März bis Ende Juni kann im Freien ständig nachgesät werden, damit das herzhafte, zartgrüne Würzkraut immer zur Verfügung steht. Der Reihenabstand sollte 20–25 cm betragen. Dill ist ein Lichtkeimer. Der Samen wird nur angedrückt oder mit wenig Erde bedeckt.

Einige Pflanzen läßt man vereinzelt stehen, damit sich Samen ausbilden können.

Pflege: Dill braucht keine besondere Pflege. Bei anhaltend feuchter Witterung kann er

Blühender Dill

Blattläuse bekommen. Vorbeugend und bei Befall sprüht man mit einer CP-Mineralpulverlösung. Die lichthungrige Pflanze ist für Hornkieselspritzungen immer dankbar.

Bei Trockenheit sollte mit feuchtigkeitshaltendem Lavagranulat gemulcht werden. Wächst Dill auf Wasseradern, wird er braun, und das Wachstum stockt.

Ernte: Die Fiederblätter des Dills werden stets frisch geerntet. Dann ist der Geschmack am kräftigsten. Triebspitzen lassen sich jedoch auch trocknen.

Verwendung in der Küche: Dill wird feingehackt unter Quark und Quarksoßen gerührt. Man würzt grüne Salate, Gurkensalat, geraspelte Möhren oder rote Bete mit dem aromatischen Kraut.

Auch Dillsoße schmeckt gut zu Kochfisch. Ebensogern verwendet man ihn in Suppen. In Kräuterbutter wird Dill mit anderen Kräutern zusammen oder allein eingeknetet. Selbst bei der modernen Käsezubereitung spielt dieses Kraut eine Rolle.

Für Kräuteressig und eingelegte Gurken werden die ganzen Dolden blühend oder mit noch nicht ausgereiften Samen frisch gepflückt bevorzugt.

Heilwirkung und Anwendung: Dill hat sowohl als Kraut als auch als Samen krampflösende, blähungslindernde und schlaffördernde Wirkung.

Die kräuter- und naturheilkundige Benediktinerin, Hildegard von Bingen, empfiehlt gekochten Dill gegen Gicht.

Samengewinnung: Die Samen werden geerntet, wenn sie anfangen braun zu werden. Die Dolden muß man zu Sträußen gebunden trocknen.

Pflanzenförderung: Dill wird von Schnekken gemieden und ist eine ausgezeichnete Auflaufhilfe für Möhren, Gurken, Erbsen, Bohnen, rote Bete und Zwiebeln. Der jeweilige Bestand keimt lückenlos.

Bei einer Wuchshöhe von 20–25 cm muß Dill als Zwischensaat bei Möhren und Karotten unbedingt mit den Wurzeln geerntet werden, da die Entwicklung dieser beiden Gemüsearten sonst behindert wird. Bei allen anderen Gemüsen kann er stehenbleiben.

Kerbel
(auch Gartenkerbel genannt)

Anthriscus cerefolium
(auch A. c. ssp. cerefolium)
(Familie: Umbelliferae)

Herkunft und Beschreibung: Die Wildform Anthriscus cerefolium ssp. trichospermus kommt von Westsibirien bis zum Balkan vor, der uns bekannte Gartenkerbel nur in Kultur. Er wird in Mittel- und Westeuropa, aber auch in Nordamerika angebaut und ist aromatischer als der bei uns wild vorkommende Wiesenkerbel, der ebenfalls als Gewürz gebraucht werden kann.

Der einjährige Kerbel ist den anderen Doldenblütlern in unseren Gärten, den Möhren und der Petersilie, sehr ähnlich. Nur sind die Fiederblätter rundlicher, nicht so tief eingeschnitten und von hellerem Grün. Es gibt glatt- und krausblättrige Sorten, die sich in ihrer Würzkraft jedoch nicht voneinander unterscheiden. Beide haben einen süßen, an Anis erinnernden Geschmack.

Die Blütentriebe sind verzweigt und tragen weiße Dolden. Gartenkerbel kommt schon

Kerbel

im Juni zum Blühen. Man kann den Blühbeginn hinauszögern, wenn man die Blätter immer wieder abschneidet.

Standort: sonnig bis halbschattig

Anbau: Will man Kerbel stets zur Verfügung haben, beginnt man mit der Aussaat Ende März und sät ungefähr alle drei Wochen nach. Für die Sommersaat empfiehlt sich ein halbschattiges Beet. Man streut den Samen sparsam in Reihen mit 15 cm Abstand. Zu dicht stehende Sämlinge werden auf 5 cm Abstand ausgelichtet.

Die Kerbelsaison kann durch Topfkulturen auf der Fensterbank im Frühjahr und Herbst verlängert werden. Für Töpfe und im Freiland reicht lockere humose Gartenerde aus.

Pflege: Besondere Pflege ist nicht erforderlich. In trockenen Sommern müssen die Kerbelreihen etwas feucht gehalten werden, damit sie keine Läuse bekommen.

Ernte: Schon etwa sechs Wochen nach der Aussaat kann die Ernte beginnen. Man pflückt oder schneidet die Blätter stets frisch direkt über dem Boden ab.

Trocknen ist bei Kerbel nicht sonderlich günstig. Durch Einfrieren kann man sich eher einen Vorrat schaffen.

Verwendung in der Küche: Mit Kerbel lassen sich alle Rohkostsalate bereichern. Die bekannte Frühlings-Kerbelsuppe nimmt man fertig gekocht vom Herd und rührt dann erst feingehackten Kerbel unter. Man kocht Kerbel nie mit, auch nicht bei Soßen.

Heilwirkung und Anwendung: Kerbel ist wegen seines Vitamin-C-Reichtums und seiner blutreinigenden und entschlackenden Wirkung für eine Frühjahrskur sehr geeignet.

Samengewinnung: Da Kerbel bald blüht und die Samen rasch ausreifen, kann man sich leicht selbst einen Vorrat an Samen für die nächstjährige Aussaat schaffen.

Pflanzenförderung: Kerbel ist eine gute Beisaat für Kopfsalat, da dieser durch das Kraut rasch zur Kopfbildung kommt. Auch Buschbohnen gedeihen gut zusammen mit Kerbel, da er vor Läusen und Mehltau schützt.

Radieschen und Rettiche bekommen in der Nähe von Kerbel ein gutes Aroma. Außerdem hält er Schnecken fern.

Majoran

(auch Blutwürze, Bratenkraut, Mairan, Miran oder Wurstkraut genannt)

Origanum majorana
(Familie: Labiatae)

Herkunft und Beschreibung: Der würzkräftige Majoran stammt aus Indien. Von dort brachten ihn arabische Händler in den Vorderen Orient und die genügsame Pflanze verbreitete sich langsam über Nordafrika, die europäischen Mittelmeerländer und Mitteleuropa bis nach Südskandinavien. Durch die Kolonisierung Amerikas kam er in die USA, nach Mexiko, Argentinien und Chile.

Der 20–25 cm hohe Lippenblütler hat aufrechte, stark verästelte, vierkantige zähe Stengel, an denen beiderseits kurzbehaarte, ovale, abgerundete, ganzrandige kleine Blätter sitzen. Die weißen bis hellroten Blüten sind an Scheinähren in den Achseln der Deckblätter zu finden.

Standort: sonnig, warm und windgeschützt

Majoran

Anbau: Majoran ist ein- oder zweijährig, wird aber bei uns wegen seiner Kälteempfindlichkeit stets nur einjährig angebaut.
Man sät dieses Kraut am besten Mitte bis Ende März unter Glas bei 12–15°C aus und pflanzt nach den letzten Frösten Ende Mai mit 25 cm Reihenabstand und 15 cm in der Reihe aus.
Majoran braucht einen lockeren, humosen Gartenboden. Er eignet sich auch gut für die Topfkultur.
Pflege: Besondere Pflege ist nicht erforderlich. Völlig austrocknen sollte der Boden allerdings nicht. Hacken gegen Abend ist fördernder als Gießen. Nach der Ernte sollte mit reifem Kompost nachgedüngt werden. Dann ist eine zweite Ernte möglich.
Ernte: Die Blätter können zunächst ständig frisch geerntet werden. Zum Trocknen, unter dem das würzige Aroma von Majoran nicht leidet, schneidet man das ganze Kraut im Juli oder Anfang August über dem Boden ab, wenn es zu blühen beginnt, denn dann ist das Aroma am stärksten.
Man hängt Majoran zu Sträußen gebündelt an einem luftigen, warmen Ort auf und rebbelt später die trockenen Blüten und Blätter ab, die in einem verschlossenen Glas aufbewahrt werden. In gut verschlossenen Gefäßen hält sich Majoran jahrelang, ohne an Aroma zu verlieren. Für deftigen Gänsebraten und die typische Erbsensuppe kann das ganze Kraut mit Stengeln verwendet werden.
Verwendung in der Küche: Grüne Salate mit Sonnenblumenöl und bestreut mit Majoran schmecken köstlich. Auch Majoranquark zu Pellkartoffeln ist eine bekömmliche Abwechslung.
Vor allem werden aber fette Speisen mit Majoran gewürzt. Für Leberwurst, Gänsebraten und Schmalz, besonders Gänseschmalz, ist Majoran das klassische Gewürz. Es kann mitgekocht und gebraten werden. Als alleinige Würze gibt Majoran den Speisen einen einmaligen Geschmack, aber auch Gewürzmischungen mit Basilikum, Beifuß, Thymian, Rosmarin und dem verwandten Oregano haben ihren Reiz.

Heilwirkung und Anwendung: Majoran vertreibt als Gewürz oder Tee Blähungen und wirkt gut bei Appetitlosigkeit, Durchfall und Verdauungsschwäche. Außerdem ist er beruhigend und krampflösend.
Gegen Schnupfen läßt sich mit Majorantee ein Nasendampfbad machen. Vor allem Kamillenempfindliche sollten dieses Dampfbad einem mit Kamille vorziehen. Nach dem zehnminütigen Dampfbad decke man den Kopf noch einige Minuten ab.
Teezubereitung: 2 TL Majoran überbrüht man mit 1/4 l kochendem Wasser, läßt den Tee drei Minuten ziehen und trinkt dann davon zwei Tassen pro Tag.
Die früher vor allem bei Säuglingen und kleinen Kindern angewendete, angenehm wirkende Majoransalbe ist heute zu Unrecht fast völlig vergessen.
Schon um die Trinkmenge nicht zu erhöhen, würde manche Mutter sicher gern auf Fencheltee verzichten, wenn ihr Kind unter Blähungen oder Magendruck leidet.
Streicht man den Bauch des Kindes im Uhrzeigersinn rund um den Nabel mit Majoransalbe ein, sind die Beschwerden meist rasch verflogen.
Nasensalbe, bei Schnupfen und Verkrustungen der Nase angewendet, kann selbst dem Erwachsenen helfen. Nervenschmerzen, Verrenkungen, Verstauchungen und Rheuma werden ebenfalls durch Einreibungen mit Majoransalbe gelindert.
Majoransalbenherstellung: Majoranblätter werden in einem Porzellanmörser mit einem Stößel fein zerrieben. Dann nimmt man 1 TL davon, übergießt das Majoranpulver mit 1 TL Weingeist und läßt dies einige Stunden in einem geschlossenen Gefäß durchziehen. Nun vermischt man das Ganze mit 1 TL frischer ungesalzener Butter und erwärmt die Mischung zehn Minuten lang im Wasserbad. Danach wird sie sofort durch ein Leinentuch geseiht und zum Abkühlen stehengelassen.
Majoransalbe ist nicht lange haltbar. Deshalb stellt man immer nur kleine Mengen her.
Pflanzenförderung: Majoran vertreibt Ameisen.

Melisse

(auch Bienenkraut, Herztrost, Immenblatt oder Zitronenmelisse genannt)

Melissa officinalis
(Familie: Labiatae)

Melisse

Herkunft und Beschreibung: Die ursprüngliche Heimat der zitronenduftenden Melisse ist der Orient. Von dort aus hat sie sich über den gesamten Mittelmeerraum verbreitet. Bei uns wird Melisse gern im Garten kultiviert.

Die etwa 40–70 cm hohen ausdauernden Stauden sind meist stark verästelt und bilden im oberen Bereich der Triebe Scheinquirle weißer bis weißgelblicher Lippenblüten, manchmal mit violett gezeichneter Unterlippe, in den Blattachseln aus, die von Juni bis August blühen.

Melisse sät sich im Garten leicht selbst aus.

Standort: sonnig bis halbschattig

Anbau: Besondere Bodenansprüche hat die Melisse nicht. Sie läßt sich leicht aus Samen ziehen, aber auch durch Wurzelstockteilung im Herbst vermehren. Ihr Aroma ist in vollsonniger Lage am stärksten.

Pflege: Im Herbst werden die Wurzelausläufer der Melisse lediglich durch Abstechen eingegrenzt. Sonstige Pflege ist nicht erforderlich.

Ernte: Das Kraut wird kurz vor der Blüte bis zum Boden abgeschnitten, gebündelt und zum Trocknen aufgehängt. Schon ab dem frühesten Frühjahr können junge Triebe für den täglichen Bedarf geerntet werden, denn Melisse ist robust und nicht frostempfindlich. Sie besitzt eine ähnliche Wuchskraft wie die Brennessel.

Verwendung in der Küche: Besonders allein verwendet, bilden feingehackte Melissenblätter eine wertvolle Geschmacksbereicherung für grüne Salate, geriebene Möhren oder rote Bete. Man versuche Melisse auch einmal zusammen mit Kerbel oder einem einzigen Blatt Pfefferminze. Als alleinige Zutat oder mit den genannten Kräutern zusammen verleiht sie auch Quark einen sehr interessanten Geschmack.

Heilwirkung und Anwendung: Melisse beruhigt die Nerven, fördert den Schlaf und lindert nervöse Herz-, Darm- und Magenbeschwerden. Ein ansteigendes (in das man nach und nach heißes Wasser zugibt) Fußbad, dem man einen Strauß Melisse zugesetzt hat, hilft zusammen mit einer Tasse Melissentee gegen Migräne und Kopfschmerzen.

Nur dem Namen nach zu verwechseln: Es gibt noch eine Pflanze, die Melisse genannt wird, nämlich die Goldmelisse, Monarde oder Pferdminze, wie sie in der Schweiz meist heißt, mit dem botanischen Namen Monarda didyma.

Die Blüten der Goldmelisse sind mit ihren großen endständigen scharlachroten Lippenblüten unvergleichlich schöner als die der Zitronenmelisse.

Goldmelissenkraut wird als Magenmittel, die Blüten als Tee gegen Husten verwendet.

Oregano

(auch Brauner Dost, Dorant, Dost, Orant-kraut und Wilder Majoran genannt)

Origanum vulgare
(Familie: Labiatae)

Herkunft und Beschreibung: Oregano wächst im Mittelmeerraum wild. Meist unter dem Namen Dost kommt er auch in Süd-deutschland, Österreich und der Schweiz an warmen Südhängen, Böschungen und ge-schützten Waldrändern in der freien Natur auf Kalk- und Kieselböden vor.

Die ungefähr 60 cm hohe ausdauernde Stau-de mit rundlichen, weichbehaarten Blättern und endständigen rotviolettblühenden, büschelförmigen Scheindolden ist auch eine schöne Ziergartenpflanze, mit der man kaum Arbeit hat.

Standort: sonnig

Anbau: Oregano ist mit jedem Gartenboden zufrieden, wenn er trocken und etwas kalk-haltig ist. Deshalb streut man, wenn nötig, vor der Saat oder Pflanzung etwas Algenkalk und Steinmehl. Die Aussaat erfolgt im April, die Pflanzung im Mai.

Will man viel Oregano im Garten haben, kann man sich eine einzelne Staude kaufen, diese anpflanzen und im Sommer einige Blüten stehenlassen, denn Oregano samt sich leicht selbst aus.

Die Kultur im Topf ist nur auf einem Südbal-kon erfolgversprechend.

Pflege: Diese besteht darin, daß man die Wurzeln nach der Blüte absticht, damit sich die einzelnen Pflanzen nicht zu sehr ausbrei-ten, und daß man die Pflanzen im Frühjahr zurückschneidet.

Ernte: Die oberen Pflanzenteile werden zu Beginn der Blütezeit mit den Blüten abge-schnitten, gebündelt und luftig im Schatten getrocknet. Die Temperatur sollte nicht über 35°C steigen, da dann die ätherischen Öle zerstört werden.

Verwendung in der Küche: Mit dem Wohl-gefallen an Pizza ist auch Oregano als Gewürz bei uns gebräuchlicher geworden. Man kann aber auch grüne Salate, Tomatensalat, Quark, Soßen, Spaghetti, Grillfleisch, Braten, Bratkartoffeln sehr pikant mit diesem be-kömmlichen Gewürz anrichten.

Es soll jeden Kummer, selbst Liebeskummer vertreiben. Ob Oregano deshalb so beliebt bei den heißblütigen Italienern ist?

Heilwirkung und Anwendung: Aufgrund seiner ätherischen Öle, Bitter- und Gerbstoffe ist Oregano ein ausgezeichnetes Mittel für Magen und Darm. Er wirkt antibakteriell und fördert die Verdauungssaftsekretion. Dafür und gegen Husten wird ein Tee getrunken.

Teezubereitung: 1 gehäufter EL Oregano wird mit ¼ l kochendem Wasser übergossen. Man läßt den Tee zehn Minuten ziehen und trinkt ihn nach dem Abseihen. Gegen Husten wird 1 TL Honig pro Tasse dazugerührt. Un-gesüßt eignet sich Oreganotee auch für Mundspülungen bei Entzündungen der Mundschleimhaut und des Zahnfleisches.

Eine Überdosierung sollte vermieden wer-den. Sie kann zu Herzbeschwerden führen. Während einer Schwangerschaft sollte Oreganotee nicht getrunken werden.

Oregano

Petersilie

Petroselinum crispum
(Familie: Umbelliferae)

Krause Blattpetersilie

Herkunft und Beschreibung: Petersilie ist in den Mittelmeerländern beheimatet und wird bei uns schon seit der Zeit Karls des Großen angebaut.

Es gibt Blattpetersilie mit glatten und krausen Blättern. Glatte Petersilie ist aromatischer als krause, doch auch mit letzterer werden Salate und belegte Brote garniert.

Wurzelpetersilie hat eine kräftige Wurzel, ähnlich groß wie die Möhre, aber weiß, und wird mit Gemüsesuppen, Soßen und Gemüsebeilagen zusammen gekocht.

Petersilie hat grundständige, saftig grüne, dreifach fiederschnittige Blätter und treibt erst im zweiten Jahr Blütensprosse mit weißblühenden Dolden.

Standort: halbschattig und feucht

Anbau: Petersilie gedeiht oft besser, wenn man sie ihrer Zweijährigkeit gemäß im August oder bis Mitte September aussät. Der Gartenboden sollte mit Gesteinsmehl angereichert und mit Algenkalk überpudert werden. Man kann dann bereits im Herbst und Winter das frische Grün der Blattpetersilie für die Speisezubereitung ernten. Die junge Saat muß gegen Schnecken geschützt werden.

Man kann Petersilie aber auch ab Anfang März aussäen. Dann ist sie ab Juni schnittreif. Gegen Schnee kann Petersilie mit Reisig geschützt werden.

Blattpetersilie läßt sich im Herbst auch in Töpfen heranziehen. Oder man gräbt die Pflanzen mit den Wurzeln aus und pflanzt sie in Gefäße. Diese läßt man zunächst im Garten stehen und holt sie erst ins Haus, wenn die Ernte im Garten wegen Schnee oder Nässe mühsam wird.

Pflege: Sobald die Saat aufgegangen ist, kann vierzehntägig mit Brennesseljauche (1:20 mit Wasser verdünnt), Algifert, Oscorna-Pflanzenstärkung oder einem anderen biologischen Aufbaumittel gegossen werden.

Ernte: Blatt- und Wurzelpetersilie kann man bis Blühbeginn im zweiten Anbaujahr immer frisch vom Beet ernten. Für den Winter bewahrt man Petersilienwurzeln in Sand eingeschlagen und kühl gestellt auf. Wurzeln und Blätter verlieren auch getrocknet nicht an Wert.

Verwendung in der Küche: Blattpetersilie kann an Rohkost und gekochte Gerichte gegeben werden, allein und mit anderen Kräutern zusammen. Bei der bekannten Petersiliensoße wird Blattpetersilie ausnahmsweise mitgekocht, damit die Soße den erwünschten bitteren Geschmack erhält.

Ißt man nach Knoblauchgenuß reichlich Petersilie, kann man sicher sein, am nächsten Tag nicht den typischen Knoblauchgeruch zu verbreiten, den viele Menschen als unangenehm empfinden.

Wurzelpetersilie, mit Suppen zusammen gekocht, gibt diesen eine ganz besondere Geschmacksnuance.

Heilwirkung und Anwendung: Petersilie wirkt Blähungen entgegen, tut dem Magen gut und entwässert. Sie ist bei Gicht, Rheuma und Lebererkrankungen ebenfalls zu empfehlen. Auch wenn Petersilie sehr viel Vitamin C enthält, kann man den täglichen Bedarf nicht ausschließlich mit dieser Pflanze decken. Ein Augenbad mit Petersilientee lindert Augenentzündungen.

Samengewinnung: Um Samen für die nächste Aussaat zu haben, läßt man im zweiten Anbaujahr einige Pflanzen Blüten und Samen bilden. Werden letztere braun, pflückt man die ganzen Dolden und hängt sie noch zwei Wochen gebündelt zum Trocknen auf. Dann löst man die Samen heraus, indem man sie schonend aneinanderreibt.

Pflanzenförderung: Ältere Pflanzen wehren Schnecken ab.

Schnittlauch

Allium schoenoprasum (Familie: Liliaceae)

Herkunft und Beschreibung: Schnittlauch ist in den Gebirgen Mittel- und Südeuropas beheimatet.

Der botanische Beiname heißt wörtlich übersetzt „binsenblättriger Lauch", und so ist auch das Erscheinungsbild des Schnittlauchs. Aus den Wurzeln wachsen kleine Zwiebeln mit röhrenförmigen Blättern heraus. Die Blütentriebe sehen ebenso aus und tragen an den Spitzen hellviolette Blütenköpfe.

Standort: sonnig bis halbschattig

Anbau: Schnittlauch kann im Frühjahr in Reihen gesät, darf dann aber erst im Jahr darauf geschnitten werden, damit er sich kräftig entwickelt. Im Frühjahr kann man üblicher-

Schnittlauch

weise auch Schnittlauch in Töpfen kaufen. Die Pflanzen sind bereits gut entwickelt und lassen sich nach dem Anwachsen sofort schneiden. Ältere, kräftig entwickelte Stöcke müssen im Frühling geteilt werden.

Schnittlauch braucht nährstoffreichen reifen Kompost und 25 cm Reihenabstand.

Im November sollte man je nach Bedarfsmenge einige Stöcke in Töpfe setzen und auf die Fensterbank in Küche oder Zimmer stellen, um auch im Winter Schnittlauch ernten zu können. Auch das Eingraben einiger Schnittlauchtöpfe im Frühbeet ist möglich, um im Winter ausreichend mit diesem Kraut versorgt zu sein.

Die Blüten lassen sich mitessen und als Dekoration verwenden.

Pflege: Hat man einen Schnittlauchstock heruntergeschnitten, wachsen seine Blätter sofort wieder nach. Damit sie sich kräftig entwickeln, kann Schnittlauch mit Pflanzenjauche (1 : 10 mit Wasser verdünnt) gegossen werden.

Ernte: Schnittlauch wird ständig frisch geerntet. Dabei schneidet man die Röhrenblätter ungefähr 1 cm über dem Boden ab.

Verwendung in der Küche: Schnittlauch sollte man stets kurz vor dem Servieren der Speisen, in kürzere Röhrchen geschnitten, zugeben, weil er rasch seine Wirkstoffe verliert. Er wird besonders gern in Quark verrührt oder zu Rührei gegessen, kann aber auch über Rohkostsalate gestreut werden oder Suppen würzen.

Heilwirkung: Schnittlauch hat je nach Sorte einen sanften Zwiebel- oder Knoblauchgeschmack und wird deswegen und dank seiner appetitanregenden Wirkung gern gegessen.

Es wirkt wie die Zwiebel, allerdings jedoch etwas schwächer, infektionshemmend, harntreibend und lindert Rheuma.

Samengewinnung: Läßt man einige Blüten stehen, kann man leicht die reifen schwarzen Samen für die nächste Aussaat gewinnen. Sie sind allerdings nur ein Jahr keimfähig.

Pflanzenförderung: Schnittlauch ist für Möhren, Salat, Erdbeeren und Rosen ein fördernder Nachbar.

Thymian

(auch Gartenthymian, Immenkraut oder Römischer beziehungsweise Welscher Quendel genannt)

Thymus vulgaris
(Familie: Labiatae)

Herkunft und Beschreibung: Thymus vulgaris stammt aus dem Mittelmeerraum und ist dort eine altbekannte Kulturpflanze. Doch auch unsere einheimischen Thymianarten sind gute Gartenkräuter. Diese sortenreichen Arten sind der Gemeine Thymian (Thymus pulegioides) und der eigentliche Quendel oder Feldthymian (Thymus serpyllum), der am Boden flache Kissen bildet. Ein natürlicher Bastard von Thymus pulegioides und T. vulgaris ist der zitronenduftende Thymus x citriodorus.

Alle drei Arten sind mehrjährige duftende Bodendecker mit kleinen ovalen, oftmals behaarten Blättern, deren weiße, rötliche bis violette Lippenblüten eine gute Bienenweide sind. Mit der Blühzeit wechseln sie sich übergreifend ab:

Thymus x citriodorus – Juni/Juli;
Thymus pulegioides – Mai bis Oktober;
Thymus serpyllum – Juli bis September;
Thymus vulgaris – Juni bis September.

Standort: sonnig und warm

Anbau: Thymian ist mit normalem Gartenboden zufrieden. Dieser sollte mit ein wenig Gesteinsmehl angereichert werden. Am besten ist es, sich im Frühjahr von jeder Thymianart zwei Pflanzen zu kaufen und zu setzen. Die Pflanzen sind auch für Zier- und Steingärten sehr geeignet. Im ersten Jahr sollte man den Pflanzen Zeit zur Entwicklung lassen. Im Winter wird Thymus vulgaris mit etwas Reisig abgedeckt. Die anderen Arten sind gegen Frost weniger empfindlich.

Pflege: Im Herbst läßt man den Pflanzen ihr schützendes Blattkleid. Erst im Frühjahr schneidet man sie zurück, damit sie kräftig austreiben und nicht so rasch verholzen. Nur bei sehr lang anhaltender Trockenheit sollte Thymian nach Wochen einmal gründlich gegossen werden.

Thymus vulgaris

Ernte: Die kleinen Blätter und Triebspitzen können das ganze Jahr gepflückt werden. Getrocknet wird das gerade erblühte Kraut, das besonders aromatisch ist.

Verwendung in der Küche: Thymian hat einen besonders kräftigen Geschmack. Er wird deshalb nur in kleinen Mengen verwendet und an grüne Salate, Quark, aber auch kurz vor dem Servieren fein gehackt an Gekochtes und Gebratenes gegeben. Thymian gehört außerdem in den Kräuteressig.

Heilwirkung und Anwendung: Das ätherische Öl, vor allem von Thymus vulgaris, wirkt krampflösend bei Husten und Asthmaanfällen. Magen und Darm werden desinfiziert, der Appetit angeregt. Außer zum Würzen wird er, vor allem bei Husten, Keuchhusten und Asthma als Tee genommen.

Teezubereitung: 2 TL Thymian werden mit ½ l Wasser übergossen und bis zum Sieden erhitzt, aber keinesfalls gekocht. Nach drei Minuten seiht man den Tee ab und trinkt ihn mäßig warm schluckweise über den Tag verteilt morgens, zwischen den Mahlzeiten und vor dem Schlafengehen. Bei Husten wird etwas Honig zugesetzt.

Pflanzenförderung: Thymian wehrt Läuse ab, weshalb er gern unter Rosen gepflanzt wird.

Der erweiterte Kräutergarten

Schon in dem vorhergehenden Kapitel haben wir eine Reihe von Kräutern kennengelernt. Sie sind in unseren Gärten am häufigsten zu finden und gelten allgemein als Gartenkräuter, die gern aus dem Garten geholt werden, um sie den Speisen frisch unterzumischen. Einige werden jedoch auch getrocknet verwendet, zumal diejenigen Kräuter, die durch Trocknung und Aufbewahrung nichts von Ihrem Aroma verlieren.

Die in diesem Kapitel beschriebenen Kräuter sind weniger in den Gärten anzutreffen. Das hat verschiedene Gründe: entweder gibt es sie nicht überall als Jungpflanzen zu kaufen oder man muß sie im Spätherbst eintopfen und ins Haus nehmen, wie zum Beispiel den Rosmarin, der die Wärme der Mittelmeerküsten gewohnt ist.

Liebstöckel und Wermut können mannshoch werden. Deshalb scheut man sich, sie in kleineren Gärten zu kultivieren.

Oder beispielsweise Gewürzpaprika: er erfordert in unseren Breiten einen warmen, geschützten Platz oder einen Folientunnel, damit man wirklich eine lohnende Ernte erzielt. Sauerampfer und Pimpinelle werden oft mit Geringschätzung betrachtet, weil sie reichlich auf unseren Wiesen vorkommen. Aber sie und alle anderen Kräuter dieses Kapitels sind wertvolle Würz- und Heilkräuter, die schon in den mittelalterlichen Klostergärten Mittel- und Westeuropas angebaut wurden.

Gewürzfenchel ist ein Gartenkraut, das sich vom ähnlich aussehenden Dill dadurch unterscheidet, daß es im mittleren und oberen Bereich breite Blattspreiten hat und die Fiederblätter nicht so dünn wie beim Dill sind.

Anis

(auch Änis, Arnis, Brotsame, Enis, Runder Fenchel, Süßer Fenchel oder Taubenanis genannt)

Pimpinella anisum
(Familie: Umbelliferae)

Herkunft und Beschreibung: Anis ist im Mittelmeerraum beheimatet und wird in Deutschland, Spanien, Italien und der Sowjetunion feldmäßig angebaut.

Die Pflanze wird bis zu 50 cm hoch. Sie bekommt zunächst eine Blattrosette, dann einen verästelten Stengel, an dem sich die Blätter immer mehr gliedern und schmaler fiedern.

Die Blütendolden sind 7 –15strahlig, die kleinen weißen Blüten in einer Dolde zusammen angeordnet. Die einjährige Pflanze blüht im Sommer bis in den frühen Herbst hinein. Dann entwickeln sich die Fruchtstände. Die herausfallenden, reifen Spaltfrüchte werden geerntet. Weil sie eiförmig-rundlich sind, heißen sie im Volksmund auch Runder Fenchel. Der Geruch ist kräftig würzig, der Geschmack würzig und süß.

Anis: a) Blütensproß, b) Wurzel mit Grundblättern, c) Doppeldolde mit Früchten, d) Blüte, e) Frucht

Standort: Sonnig und auf nährstoffreichem, kalkhaltigem und lockerem Boden.

Anbau: Man sät Anis von April bis Mai an einem sonnigen Platz, mit einem Reihenabstand von 30 cm, aus. Er braucht 3–4 Wochen, ehe er aufgeht.

Pflege: Besonders in feuchten, kühlen Sommern empfiehlt sich die mehrmalige Spritzung mit Hornkiesel, damit die Samen eine gute Qualität erreichen und voll ausreifen.

Ernte: Zur Gewinnung der Samen reißt man die Pflanzen aus dem Boden, trocknet sie an der Luft und schüttelt dann die Früchte aus.

Verwendung in der Küche: Anis ist ein geschätztes Gewürz in der Bäckerei (Anisplätzchen, Spekulatiusgewürz) zum Würzen von Brot, zum Verfeinern von Obstsuppen und als Beigabe zu Krautsalaten.

Heilwirkung und Anwendung: Weil Anis eine schleimlösende und auswurffördernde Wirkung hat, werden die Samen als Hustenmittel verwendet, sind aber auch als Beruhigungsmittel für Kleinkinder geeignet. Anis vertreibt auch Blähungen und stärkt den Magen. Anistee hieß früher auch »Ammentee«, weil er bei stillenden Frauen den Milchfluß fördert.

Teezubereitung: Gegen Husten quetscht man 1 gehäuften TL reifer Früchte und übergießt sie mit ¼ l kochendem Wasser. Nach 10 Minuten hat der Tee gezogen und kann nach dem Abseihen mit Honig gesüßt schluckweise getrunken werden. Gegen Blähungen und zur Magenstärkung wird der Anistee nicht gesüßt. Mit Kümmel und Fenchel zu gleichen Teilen vermischt gilt er als hervorragender Verdauungstee (2–5 Tassen täglich).

Samengewinnung: Die Früchte werden für die nächste Aussaat genauso gewonnen, wie es unter dem Stichwort Ernte beschrieben wurde. Um eine optimale Saatqualität zu erhalten, muß zwischen Mitte August und Mitte September geerntet werden.

Estragon: a) junge Pflanze, b) Blütensproß

Estragon

(auch Esdragon, Essigkraut, Oragon-Beifuß,
Schlangenkraut oder Senfwurz genannt)

Artemisia dracunculus
(Familie: Compositae)

Herkunft und Beschreibung: Estragon gehört zu den feinwürzigen Kräutern. Die ausdauernde Staude wächst wild auf dem Balkan, in Südrußland bis hinauf nach Sibirien und ist auch in Nordamerika zu Hause. Bei uns hat sie sich inzwischen eingebürgert.
Estragon treibt im Frühjahr mehrere Sprosse aus der Wurzel, die bis zu 1 m hoch werden können und unten verholzen. Die stark verzweigten Pflanzen mit lanzettlichen Blättern tragen ab Ende Juli unscheinbare Blüten, die selten Samen bilden.
Standort: Estragon liebt Sonne und locker humosen Boden.
Anbau: Als Samen wird bei uns meist der wenig aromatische sogenannte Russische Estragon angeboten. Besser ist es, sich entweder vom Gärtner oder vom Nachbarn durch Wurzelstockteilung Französischen Estragon zu beschaffen, denn er ist weitaus aromatischer. Man setzt den Wurzelstock im Frühjahr in mit reifem Kompost vermischte Erde.

Pflege: Stengel mit Blüten bricht man im Sommer heraus. Sonst ist keine Pflege nötig.
Ernte: Von Estragon werden die Blätter und jungen Triebe verwendet. Diese holt man den ganzen Sommer bis in den Spätherbst hinein frisch aus dem Garten. Trocknen läßt sich das Kraut ohne größeren Aufwand nicht.
Verwendung in der Küche: Zu Rohkostsalaten sollte man unbedingt den pikant-würzig schmeckenden Estragon geben, aber auch zum Würzen von gebratenem Fleisch wird er gern genommen. Er regt den Appetit an, behebt das Völlegefühl, Schluckauf und Blähungen.
Will man Estragon auch im Winter nicht missen, steckt man ein oder zwei Stengel in Essig oder auch in Salatöl. Diese Zutaten zu den Speisen bekommen dadurch einen aromatischen Geschmack und gleichen Magenverstimmungen aus.
Heilwirkung und Anwendung: Nach üppigen Mahlzeiten, die den Magen beschweren, kann man einen Estragontee trinken, der Völlegefühl, Magen- und Darmstörungen behebt. Estragon ist auch wassertreibend.
Teezubereitung: 1 Stengel frischen Estragon überbrüht man mit ¼ l kochendem Wasser, läßt 3 Minuten ziehen, seiht ab und trinkt den warmen Tee.

Gartenkresse
(auch Kresse genannt)

Lepidium sativum
(Familie: Cruciferae)

Herkunft und Beschreibung: Dieser rasch wachsende, scharf schmeckende Kreuzblütler stammt aus dem östlichen Mittelmeerraum.
Die kleinen, dreizähligen Keimblätter sprießen schon drei Tage nach der Aussaat. Dann folgen etwas breitere Fiederblätter. An den verzweigten Sprossen des einjährigen Krautes bilden sich winzige, weißliche Blüten, aus denen runde Schötchen hervorgehen.

Standort: Gartenkresse gedeiht praktisch an jedem Standort, bevorzugt aber einen sonnigen bis halbschattigen Platz.

Anbau: Gartenkresse kann vom frühesten Frühjahr bis zum Spätherbst im Freien mit 10 cm Reihenabstand für praktischeres Ernten oder auch breitwürfig ausgesät werden. Im Winter gedeiht sie problemlos auf der Fensterbank in jeder Schale oder kleinen Kisten, die mit einer dünnen Schicht reifem Kompost oder humoser Gartenerde gefüllt werden. Es gibt auch Keimboxen, in denen Kresse ohne Erde wächst, aber ein flacher Teller mit angefeuchtetem Filterpapier reicht auch. Auf Erde gezogene Kresse schmeckt jedoch herzhafter.

Pflege: ist nicht erforderlich.

Ernte: Sind die beiden Keimblätter gut entwickelt, ergrünt und außerdem der Ansatz des ersten Laubblattes zu erkennen, kann geerntet werden. Man schneidet Kresse stets kurz vor dem Verbrauch frisch oder zieht die ganzen Pflänzchen mit den Würzelchen aus. Gut gewaschen, können sie mitgegessen werden. Je nach den Wachstumsbedingungen dauert es von der Saat bis zur Ernte 10 Tage bis 3 Wochen.

Verwendung in der Küche: Gartenkresse kann man pur mit etwas Öl oder saurer Sahne angemacht, aber auch aufs Butterbrot gestreut essen. Sie eignet sich ebenfalls ausgezeichnet als Würze für alle Arten von rohen und gekochten Salaten, zum Beispiel für

Auf Erde gezogene Gartenkresse ist sehr schmackhaft und gehaltvoll. Nach dem Abernten kommt die Erde auf den Kompost.

Nudel- oder Eiersalat, und kann gehackt unter pikante Quarkspeisen gerührt werden.

Heilwirkung und Anwendung: Gartenkresse hat eine antibakterielle Wirkung bei Erkältungen, Grippe, Entzündungen der Harn- und Atemwege. Außerdem wirkt sie Müdigkeit und Blutarmut entgegen.

Samengewinnung: Diese ist nicht ratsam, weil die wuchsfreudige Kresse sich durch Aussamung über den ganzen Garten ausbreiten kann.

Pflanzenförderung: Gartenkresse ist eine günstige Untersaat für Obstbäume. Sie hält die Bäume gesund und Läuse, Schnecken, Ameisen und Raupen fern, übrigens auch als Zwischensaat bei Erdbeeren.
Die scharfe Kresse ist unverträglich mit sich selbst und auch keine gute Voraussaat für andere Kreuzblütler, wie etwa Kohl, und eine schlechte Nachbarpflanze für Gurken.

Gartensalbei
(auch Edelsalbei, Königssalbei, Kreuzsalbei, Tugendsalbei oder Zahnsalbei genannt)

Salvia officinalis
(Familie: Labiatae)

Herkunft und Beschreibung: Der Gartensalbei ist im gesamten Mittelmeerraum, vor allem in Dalmatien, Italien, Spanien, aber auch in Rußland heimisch. Schon in der Antike wurde er als Würzkraut und Heilpflanze hochgeschätzt. Salvare, das lateinische Wort für heilen, ist ja auch deutlich im Namen »Salvia« wiederzuerkennen. Salbei ist ein Halbstrauch, bis 60 cm hoch und hat filzige, behaarte, vierkantige Stengel. Die grasgrünen Blätter sind länglich oder eiförmig gestielt und schmecken würzig, leicht bitter. Die hellblauen bis violettblauen Blüten sitzen an den Enden der Triebe in lockerer Traube.

Standort: Salbei liebt sonnige Standorte und einen Boden, der durchlässig, kalkhaltig und humos ist. Schwere Böden sollten mit Sand aufgelockert werden.

Anbau: Man sät Salbei von Mitte März bis Ende Mai breitflächig aus oder kauft noch besser Jungpflanzen in Töpfen.

Pflege: Im Frühjahr ist es ratsam, ausgewinterte Zweige zurückzuschneiden. Salbei treibt dann aus dem alten Holz neu aus. Im Herbst sollte Salbei etwas Kompost bekommen. Im Winter kann man ihn – leicht mit Fichtenreisig abgedeckt – im Garten stehen lassen.

Ernte: Von Mai bis Juli werden die Blätter einschließlich der jungen Triebe gepflückt und im Schatten getrocknet.

Verwendung in der Küche: Salbeiblätter sind in der Küche ein vorzügliches Gewürz für Fisch-, Fleisch- und Gemüsegerichte, wie zum Beispiel Eintopf, schmecken aber auch frisch zu Käse, Quark und Tomatensalat, wenn man nur ganz geringe Mengen nimmt.

Heilwirkung und Anwendung: In der Heilkunde gebraucht man Salbei vor allem wegen seiner entzündungshemmenden Eigenschaften. Salbeitee wird als Gurgelmittel bei Hals-, Mund- und Rachenentzündungen sowie Erkältungskrankheiten angewendet. Er wirkt beruhigend und setzt die übermäßige Schweißabsonderung bei Nachtschweiß und bei Frauen in den Wechseljahren herab. Das ätherische Öl hat eine desinfizierende und krampflösende Eigenschaft und beeinflußt Magen und Darm günstig.

Teezubereitung: Salbeitee braucht man innerlich und äußerlich. Man übergießt 1–2 TL getrocknete Salbeiblätter mit ¼ l Wasser und läßt das Ganze langsam zum Sieden kommen, kurz ziehen, seiht ab und trinkt täglich 2 Tassen davon. Verwendet man frische Blätter aus dem Garten, reichen 1–2 junge Blätter auf ¼ l Wasser.

Zur Mundspülung überbrüht man 3 TL getrocknete Salbeiblätter mit ¼ l kochendem Wasser. Nach kurzem Ziehen seiht man ab und gurgelt mit dem noch warmen Aufguß.

Nebenwirkungen: Ohne ärztliche Anweisung sollte man Salbei in höheren Dosen nicht anwenden, um den Magen nicht zu belasten. Sonstige Nebenwirkungen sind aber nicht zu befürchten.

Vermehrung: Vermehrung geschieht durch Teilung, seltener durch Aussaat. Jungpflanzen vermehren sich durch Absenker fast von allein und verjüngen so die Kultur.

Pflanzenförderung: Salbei im Biogarten hilft gegen Schnecken und Läuse.

Junger Salbei

Gewürzfenchel

(auch Brotanis, Brotsamen, Frauenfenchel, Kammfenchel, Kinderfenchel oder Langer Anis genannt)

Foeniculum vulgare var. dulce (Familie: Umbelliferae)

Herkunft und Beschreibung: Schon vor Jahrtausenden spielte der im Mittelmeergebiet beheimatete Fenchel medizinisch eine große Rolle.
Fenchel ist eine zweijährige Pflanze von 1–2 m Höhe. Im ersten Jahr bildet sich nur eine Blattrosette. Erst im zweiten Jahr stehen an dem aufrechten, reich verzweigten Stengel gestielte, drei- oder mehrfach gefiederte Blätter. Charakteristisch sind die gelben, in zusammengesetzten großen Dolden stehenden Blüten. Die Blütezeit ist von Juli bis August. Die Spaltfrüchte des Fenchels zerfallen in zwei Teilfrüchte. Die ganze zylindrische Spaltfrucht ist kahl, 6–10 mm lang, bis 4 mm breit, oft mit einem kleinen Stiel versehen und grünlichgelb bis bräunlichgrün.
Standort: Fenchel liebt trockenen, warmen Boden und braucht Sonne.
Anbau: Der zweijährige Gewürzfenchel wird im zeitigen Frühjahr, meist im März, dünn

Gewürzfenchel: a) Blüte, b) Doppeldolde, c) Frucht

ausgesät (4–6 g/10 m^2), im Herbst auf etwa 15 cm zurückgeschnitten und mit Fichtenreisig gegen Kahlfröste geschützt. Im nächsten Frühjahr verpflanzt man im Abstand von 40 x 50 cm.
Pflege: In feuchtkühlen Sommern spritzt man öfter mit Hornkiesel.
Ernte: Für Heilzwecke und zum Verbrauch in der Küche werden die Früchte (Fructus foeniculi) von September bis Oktober geerntet.
Da die Früchte ungleichmäßig reifen, müssen die Dolden nach und nach geschnitten und zum Nachtrocknen zu Sträußen gebunden und in Gaze oder ein feinmaschiges Netz gehüllt an einem warmen, luftigen Ort nachgetrocknet werden. Die vollkommen reifen Früchte fallen in den Gazebeutel oder das Netz. Sie werden in einem verschlossenen Glas aufbewahrt.
Verwendung in der Küche: Zu Salaten kann man jederzeit einige zarte Fiederblätter feingehackt mischen. Ein Sträußchen in der Essig- oder Ölflasche macht die beiden flüssigen Zutaten bekömmlicher und aromatisch.
Heilwirkung und Anwendung: Fenchelsamen ist eine wirksame Droge bei Magen-Darm-Erkrankungen, kolikartigen Leibschmerzen, Blasen- und Nierenschwäche, Katarrhen des Rachens, der Kehle und der Brust. Er wird vor allem bei kleinen Kindern gegen Blähungen und bei Husten und Heiserkeit als Fenchelhonig verwendet. Zum Gurgeln und für Augenspülungen nimmt man Fenchelwasser (Aqua foeniculi) aus der Apotheke.
Teezubereitung: Fenchelsamen sollten vor der Teebereitung zerdrückt werden. Man gibt 2 gehäufte TL auf 1/4 l kochendes Wasser. Nach 10 Minuten wird abgeseiht. Gegen Husten, Verschleimung, Bronchitis trinkt man fünfmal am Tag je 1 Tasse mit Honig gesüßten Fencheltee. Bei Babys und Kleinkindern verdünnt man diesen noch mit 2–3 EL Wasser.
Samengewinnung: siehe Ernte
Pflanzenförderung: Fenchel fördert sowohl als Gemüsepflanze als auch als Heilkraut den gesunden Aufwuchs von Chicorée, Endivien, Erbsen, Feldsalat, Gurken, Kopfsalat und Radicchio.

Kamille

(auch Deutsche Kamille, Echte Kamille, Feldkamille, Garmille, Mägdeblume oder Mutterkraut genannt)

Chamomilla recutita
(auch Matricaria chamomilla)
(Familie: Compositae)

Herkunft und Beschreibung: Die ursprünglich in Vorderasien, Süd- und Osteuropa beheimatete Kamille ist inzwischen über ganz Europa, Westasien, Nordamerika und Australien verbreitet. In Europa wird sie vor allem in Bayern, Franken, Sachsen, Böhmen und Ungarn gesammelt. Die Kamille ist ein einjähriges Kraut, das etwa 20–50 cm hoch wird. Der Stengel ist stark verästelt und hat meist doppelt gefiederte Blätter. Die zahlreichen Blütenköpfchen stehen einzeln auf verlängerten Stielen. Sie haben weiße Strahlenblüten und in der Mitte hellgelbe Blütenkörbchen von höchstens 2 cm Durchmesser mit Röhrenblüten.

Um die Echte Kamille von der Unechten zu unterscheiden, muß man auf den Blütenboden achten. Bei der Echten Kamille zeigt das der Länge nach durchschnittene Blütenköpfchen einen hohlen Blütenboden. Der Geruch von Kamille ist kräftig-aromatisch, der Geschmack würzig und leicht bitter. Echte Kamille blüht von Mai bis August.

Standort: Bei uns ist sie hauptsächlich an Wegrändern, Äckern, auf Schuttplätzen und Brachland zu finden. Kamille ist in der Wahl des Standortes anspruchslos, bevorzugt aber sonnige Plätze.

Anbau: Die Kamille im eigenen Garten verlangt lediglich einen sonnigen Platz. Man sät sie in Reihen zwischen den Gemüsekulturen aus, denn sie ist ein idealer Partner für alle Gemüsearten.

Pflege: Einer besonderen Pflege bedarf Kamille nicht, weil ihre Ansprüche bescheiden sind.

Ernte: Die Sammelzeit der Kamille ist von Mai bis August. Man pflückt die frisch aufgegangenen Blütenkörbchen morgens mit der Hand und nur bei Sonnenschein. Dann legt

Hohler Blütenboden bei der Echten Kamille

man sie sofort in dünner Schicht auf einem luftigen Trockenboden aus.

Verwendung in der Küche: Echte Kamille wird frisch in kleinen Mengen in Salat, Spinat und Gemüsebrühe, zu anderem Wildgemüse und frisch oder getrocknet für Haustee verwendet.

Heilwirkung und Anwendung: Früher fehlte die Kamille in keiner Hausapotheke, denn sie ist in ihrer Wirkung mild und daher für die Selbstbehandlung von leichten Störungen wie Magen-Darm-Beschwerden, Erkältungskrankheiten und bei Reizungen der Mund- und Rachenschleimhaut sehr geeignet. Kamille wirkt schweißtreibend, erwärmend, krampfstillend, beruhigend und macht Bakteriengifte unschädlich, wodurch die günstige Wirkung der Kamille auf Infektionskrankheiten erklärbar wird.

Äußerlich wird die Kamille für Umschläge und Bäder erfolgreich angewendet. Auch das Inhalieren von Kamillenteedämpfen ist bei Schnupfen, Heiserkeit und Verschleimung sehr beliebt. In der Kosmetik wird Kamille für Haut- und Haarpflege in Form von Extrakten, Haarwaschmittelzusätzen, Haarwässern, Pudern und Seife gebraucht.

Teezubereitung: Bei der Bereitung von Kamillentee oder Aufgüssen ist darauf zu achten, daß Kamille niemals gekocht, sondern nur mit siedendem Wasser überbrüht wird. Man läßt den Tee beim Nachziehen gut zugedeckt, damit sich das wirksame ätherische Öl nicht verflüchtigt. Für den Tee wird 1 EL voll getrockneter Blüten mit ¼ l heißem Wasser übergossen und nach 2–3 Minuten durch ein Teesieb geseiht. Bei Erkrankungen im Magen-Darm-Bereich trinkt man den Tee 3- bis 4mal täglich warm zwischen den Mahlzeiten. Für das Inhalieren von Kamillendämpfen werden 3 EL Kamillenblüten mit heißem Wasser übergossen und die Dämpfe unter einem über den Kopf gehängten Handtuch eingeatmet. Der Heilerfolg ist sehr gut.

Samengewinnung: Von der Samengewinnung ist wegen der Gefahr einer unkontrollierten Selbstaussaat abzuraten.

Pflanzenförderung: Kamille vertreibt Nematoden.

Um die Keimkraft von Pflanzensamen zu erhöhen, läßt man sie 15 Minuten in zimmerwarmem Kamillentee liegen. Baumwunden wäscht man vor dem Verschließen mit handwarmem Kamillentee aus.

Eine Pflanzenkamillenbrühe besteht aus 100 g getrockneter Kamille und 10 l Wasser (Brühe siehe Seite 25), die 5fach verdünnt gegossen oder gespritzt wird. Sie wird bei frostfreiem Wetter an 3 aufeinanderfolgenden Tagen gegen die Himbeerrutenkrankheit gespritzt. Nach 14 Tagen sollte die Spritzung nochmals wiederholt werden. Kartoffeln, Sellerie, Rosenkohl und Porree zeigen eine gesteigerte Wachstumsfreudigkeit, wenn sie neben Kamille stehen. Der Ernteertrag ist höher als bei einem vergleichbaren Anbau ohne Kamille.

Kamille ist anspruchslos und vertreibt die pflanzenschädigenden Nematoden.

Kapuzinerkresse

(auch Kapuzinerli, Salatblume oder Gelbes Vögerl genannt)

Tropaeolum majus
(Familie: Tropaeolaceae)

Herkunft und Beschreibung: Diese mit ihren kräftiggrünen, schildartigen Blättern und gelb oder orange leuchtenden, gespornten Blüten auffällige Pflanze aus Peru ist besonders im Biogarten sehr beliebt geworden. Sie verschönt Baumscheiben und Balkonkästen und überwächst mit ihren rankenden Sorten Gestrüpp, Steinhaufen und den Kompost.

Standort: Kapuzinerkresse gedeiht in jedem Boden, liebt zwar Sonne, aber auch im Halbschatten wirkt sie noch gesund, hat dann jedoch weniger Blüten.

Anbau: Soll Kapuzinerkresse schon im Mai zu blühen beginnen, sät man sie bereits ab Ende Februar am Zimmerfenster aus und pflanzt sie nach den Spätfrösten im Mai ins Freie.

Hat man Kapuzinerkresse einmal im Garten, sät sie sich leicht selbst aus. Die jungen Pflänzchen braucht man im Laufe des Sommers dann nur noch dorthin zu versetzen, wo man sie am liebsten wachsen lassen will. Kapuzinerkresse blüht bis zum ersten Frost. Die an sich mehrjährige Staude verträgt diesen nicht und kann deshalb bei uns nur einjährig kultiviert werden.

Pflege: Sie ist bei Kapuzinerkresse unnötig. Rankende Sorten müssen angebunden werden, falls sie einen Zaun oder ein Geäst zieren sollen. Abgeschnittene Triebe wachsen rasch nach.

Ernte: Die Blätter, Blüten und jungen Triebe werden nach Bedarf frisch geerntet.

Verwendung in der Küche: Vor allem die scharf schmeckenden, jungen Blätter werden unter rohe Salate aller Art gemischt. Sie wirken blutreinigend.

Heilwirkung und Anwendung: In Peru hat man die frischen Blätter schon von jeher auf infizierte Wunden aufgelegt. Der Genuß der Blätter, Blüten und jungen Sprosse fördert

Die anspruchslose Kapuzinerkresse ist zwar keine einheimische Pflanze, aber sie hat sich in unseren Gärten mit anhaltender, farbenfroher Blütenpracht bis in den Spätherbst hinein und für vielfältige Pflanzenschutzmaßnahmen sehr bewährt.

die körpereigenen Abwehrkräfte. 1952 konnte bei der Kapuzinerkresse eine antibiotische Substanz wissenschaftlich nachgewiesen werden.

Samengewinnung: Die Samen fallen grün ab. Man kann sie vom Boden aufsammeln und nachtrocknen lassen.

Pflanzenförderung: Kapuzinerkresse vertreibt Blutläuse und zieht schwarze Bohnenläuse an. Dadurch befallen diese keine Bohnen. Die Läuse schädigen aber auch nicht die Kresse, obwohl sie oft dicht bei dicht auf der Blattunterseite sitzen.

Mit dem ausgepreßten Saft der Pflanze kann man die Rinde von Obstbäumen einpinseln und von dort Blutlauskolonien vertreiben.

Koriander
(auch Schwindelkörner oder Wanzendill genannt)

Coriandrum sativum
(Familie: Umbelliferae)

Herkunft und Beschreibung: Dieses in keinem Lebkuchen fehlende Gewürz stammt aus Vorderasien und Nordafrika. Heute findet man es auch in Südeuropa in der freien Natur. In Indien, China, Japan und Nordamerika hat es sich ebenfalls aus Kulturen verbreitet.
Dieser Doldenblütler wird 50–80 cm hoch. Aus den langgestielten, fiederspaltigen oder auch ungeteilten Grundblättern steigt ein runder Stengel mit zweifach fiederteiligen, oben ungestielten Blättern empor. Die langstieligen Doppeldolden tragen weiße bis leicht rosa Blüten, deren Blütenblätter für einen Doldenblütler auffallend groß sind. Die runden Früchte zerfallen nicht wie bei anderen Umbelliferen in ihre Teilfrüchte.

Koriander: a) Blütensproß, b) Früchte

Standort: Bei uns lohnt sich der Anbau nur in den warmen Weinbaugebieten, im Garten an geschützten, nach Süden offenen Stellen. Spritzungen mit Hornkiesel sind unerläßlich, damit die Früchte auch in kühlen Sommern gut ausreifen. Sie entwickeln nämlich erst bei Vollreife den erwünschten würzigen Geschmack. Unreife Früchte riechen und schmecken dagegen eher unangenehm.
Anbau: Anfang März wird Koriander breitwürfig oder mit 25 cm Reihenabstand in nährstoffreichen Gartenboden ausgesät.
Pflege: Zu Beginn ihrer Entwicklung müssen die Pflanzen feucht gehalten, später aber nur bei anhaltender Trockenheit im Hochsommer gegossen werden. Man spritzt Hornkiesel 14tägig morgens bei Sonnenschein.
Ernte: Die gut ausgereiften Früchte werden mit den ganzen Dolden gepflückt, diese gebündelt, in luftdurchlässige Beutel eingebunden und an einem warmen Ort zum Nachtrocknen aufgehängt.
Verwendung in der Küche: Koriander macht Brot besonders schmackhaft und gut bekömmlich. Man verwendet die ganzen Körner. Auch Gewürzmischungen, entweder nur mit Kümmel oder mit Kümmel, Anis und Fenchel sind beliebt.
Diese Mischung wird zusammen mit Zimt, Kardamon und Ingwer (dann aber ohne Kümmel) für Honig- und Lebkuchen benötigt. Sie macht die opulenten Festtagsessen verträglicher.
Koriander ist auch als Würze für Soßen, Fisch-, Kohl- und Hülsenfrüchtegerichte beliebt und Bestandteil der Würzmischung Curry.
Heilwirkung und Anwendung: Koriander gleicht Magen- und Darmbeschwerden auf sanfte Weise aus. Es wird gern zusammen mit anderen in dieser Richtung wirkenden Drogen für Tees eingesetzt.
Teezubereitung: 20 g Kümmel, 10 g Anis, 10 g Fenchel und 10 g Koriander werden zerdrückt und dann mit ¼ l kochendem Wasser übergossen. Man läßt den Aufguß 10 Minuten ziehen, seiht ab und trinkt den Tee ungesüßt.
Samengewinnung: siehe Ernte

Kümmel: a) Wurzel mit Grundblättern, b) Blütensproß, c) Blüte, d) Doppelfrucht

Kümmel

(auch Feldkümmel, Karbe, Kem, Köm, Kümmech, Maria Bettstroh, Mattkümmi oder Wiesenkümmel genannt)

Carum carvi
(Familie: Umbelliferae)

Herkunft und Beschreibung: Kümmel wächst in ganz Europa sowie in Asien. Als Gewürz verwendete man Kümmel schon in der Steinzeit. Im Mittelalter baute man Kümmel bei uns bereits an. Der Name »Careium« taucht bei uns zuerst in der Zeit Karls des Großen auf. Aus der römischen Bezeichnung entstand dann das althochdeutsche Wort »kumin« und daraus Kümmel. Dieser Doldenblütler wird bis 100 cm hoch, hat einen aufrechten, ästigen Stengel, die Blätter sind fiederartig geteilt. Die kleinen, meist weißen Blüten stehen in hüllenlosen Dolden. Die Früchte sind graubraun, kahl und bogen- oder sichelförmig gekrümmt und etwa 4–5 mm dick. Meist zerfallen die Spaltfrüchte in ihre Teilfrüchte. Geruch und Geschmack sind stark würzig.

Standort: Wir finden Kümmel an Wiesen und Wegen wild wachsend. Für die Pflanze ist ein feuchter Boden und auch feuchtes Klima vorteilhaft.

Anbau: Den größten feldmäßigen Anbau gibt es in Holland. In unserem eigenen Garten bereiten wir einen guten Boden mit Kompost vor. In den Monaten Juni/Juli wird Kümmel in einem Reihenabstand von 20 cm ausgesät und später auf 15 cm Abstand in der Reihe vereinzelt. Erst im zweiten Jahr blüht er von Mai bis Juli.

Pflege: Kümmel ist nicht frostempfindlich. Eine Pflege ist nicht erforderlich.

Ernte: Vor der Vollreife werden die Spaltfrüchte bereits im Juni geerntet. Man bindet um die oberen Teile der Pflanzen mit den Dolden luftdurchlässige Tüten und läßt die Früchte hineinfallen. Später nimmt man die samengefüllten Tüten ab.

Um Johanni (24. Juni) steht der Kümmel in üppigster Fülle, und wenn er dann um die Mittagsstunde geerntet wird, ist er besonders heilkräftig. In Süd- und Westdeutschland durfte früher der Kümmelkräuterbusch zu Maria Himmelfahrt (15. August) nicht fehlen, denn einem alten Brauch nach erleichtert es jede Geburt, wenn man Kümmelkraut unterlegt, daher der volkstümliche Name »Maria Bettstroh«.

Verwendung in der Küche: Die Hausfrau hat für Kümmel vielseitige Verwendung, denn Kümmel hat einen sehr stark würzigen und charakteristischen Geruch und Geschmack. Als Küchengewürz wird Kümmel zu Kümmelkäse, Quark und Kochkäse, zu vielen Kohlarten – denn schwerverdauliche Speisen werden durch ihn bekömmlicher –, roten Rüben und Gurken, Soßen, frischen Kartoffeln, Kümmelbrot, -brötchen, -stangen und -plätzchen gebraucht. Eine echte Thüringer Wurst muß Kümmel und Majoran enthalten. Die ausgereiften Samen verwendet man zum Würzen ganz oder gemahlen. Am populärsten ist Kümmel in Norddeutschland als stark aromatischer Zusatz zu Branntwein. Jeder kennt dort den »Köm« als Kümmelschnaps zur Verdauung.

Heilwirkung und Anwendung: Wegen seiner blähungsvertreibenden und krampflösenden Wirkung dient Kümmel als Magen- und Verdauungsmittel. Dies ist vor allem dem in ätherischem Öl vorhandenen Carvon zuzuschreiben. Auf die Darmflora wirkt sich die desinfizierende Wirkung günstig aus. Wenn kleine Kinder durch Blähungen Bauchweh haben, dann ist der Kümmel-Fenchel-Tee ein bewährtes Hausmittel.

Teezubereitung: 1 gehäuften TL vorher zerdrückter Kümmelkörner überbrüht man mit $1/4$ l sprudelnd kochendem Wasser, läßt den Tee 10 Minuten zugedeckt stehen, seiht ab und trinkt ihn warm, langsam und schluckweise. Kümmeltee fördert auch die Milchsekretion stillender Frauen und die Wasserausscheidung der Nieren.

Samengewinnung: siehe Ernte

Pflanzenförderung: Kümmel ist eine gute Voraus- und Nebensaat für alle Kohlarten, Kartoffeln, Gurken, rote Rüben und Erdbeeren. Er soll nicht in die Nähe von Fenchel gepflanzt werden, denn dieser wird dann in seinem Wachstum gehemmt. Stehen dagegen Kartoffeln in der Nachbarschaft von Kümmel, so verbessert das ihren Geschmack sehr.

Liebstöckel

(auch Bodekraut, Labstöckel, Lubestöckel, Maggikraut, Nerven- oder Wasserkräutel genannt)

Levisticum officinale
(Familie: Umbelliferae)

Herkunft und Beschreibung: Plinius erzählt bereits, daß die alten Ligurer die Pflanze von ihren Gebirgen geholt und unter anderem auch Ligusticum, das ligurische Kraut, genannt haben. Aus dieser Bezeichnung soll im Mittelalter der Name Liebstöckel entstanden sein. Der Doldenblütler ist in Südeuropa – besonders aber in Persien – beheimatet. Er hat eine Hauptwurzel von ungefähr 30–40 cm Länge und 3–5 cm Dicke, die rötlichgelb bis graubraun schwammig, tief längsrunzlig und zäh ist. An einem kantigen Stengel sitzen gefiederte Blätter. Die Stengelblätter sind weniger aufgeteilt. Die Blüten sind klein und blaßgelb und bilden eine zusammengesetzte Dolde; Blütezeit ist im Juli und August.

Liebstöckel hat einen stark würzigen und beim Zerreiben maggiartigen Geruch, daher auch der volkstümliche Name Maggikraut. Die Maggiwürze hat Liebstöckel als Grundlage.

Standort: Die bis zu 2 m hohe Pflanze liebt einen warmen, sonnigen, aber auch halbschattigen Standort und feuchten Boden.

Anbau: Die Aussaat ist zwar möglich, aber es ist einfacher, sich von Nachbarn einen Teil eines Wurzelstocks zu erbitten oder Jungpflanzen zu kaufen. Man läßt die jungen Pflanzen im ersten Jahr wachsen und erntet höchstens ab und zu wenige Blätter zum Würzen von Speisen.

Pflege: Liebstöckel hat keine besonderen Ansprüche.

Ernte: Verwendet werden die jungen, frischen Blätter und die Wurzeln. Diese werden erst im September des zweiten Jahres abgestochen. Sie werden gereinigt an einem luftigen, warmen Ort zum Trocknen aufgehängt. Dickere Wurzelstöcke halbiert man, damit sie rascher trocknen. Anschließend kommen die kleingeschnittenen Wurzeln so-

Liebstöckel wird bis zu 2 m hoch.

fort in ein gut schließendes Glasgefäß, denn sie werden gern von Insekten befallen und sind außerdem hygroskopisch, also wasseranziehend. Auch die Blätter lassen sich trocknen, aber man kann sie fast das ganze Jahr frisch aus dem Garten holen. Für den Rest des Jahres nimmt man getrocknete Wurzeln.

Verwendung in der Küche: Junge, zarte Blätter kann man täglich frisch pflücken und feingehackt sparsam unter Salate geben, in Suppen einstreuen oder mit Fleisch und Soßen mitkochen, wodurch der Fleischgeschmack verstärkt wird. Das wird auch erreicht, wenn man ein Stück Wurzel mitkocht.

Heilwirkung und Anwendung: Liebstöckel stärkt als Gewürz den ganzen Verdauungstrakt und behebt nach einem überreichlichen und vielleicht noch dazu fetten Essen Magenbeschwerden und Blähungen.

Liebstöckeltee wird nicht nur bei Verdauungsstörungen, sondern auch bei Rheuma, Gicht, Blasen- und Nierenleiden, aber auch gegen Migräne und Menstruationsstörungen getrunken.

Teezubereitung: 2 gestrichene TL geschnittene Wurzeln werden mit $\frac{1}{4}$ l kaltem Wasser angesetzt, langsam bis zum Sieden gebracht und danach sofort abgeseiht. Man trinkt 2 Tassen täglich.

Nebenwirkungen: Schwangere sollten den Tee nicht trinken und auch nicht regelmäßig mit Liebstöckel würzen, weil die Unterleibsorgane durch diese Heilpflanze stark durchblutet werden.

Vermehrung: Liebstöckel ist 2–4jährig. Man erhält den Bestand durch Wurzelstockteilung im Spätherbst, durch Setzlinge oder Aussaat.

Samengewinnung: Die Blütendolden sind eine gute Bienenweide. Die Früchte erntet man erst im Spätherbst, wenn sie vollständig ausgereift sind. Werden die Dolden jedoch im Sommer von Blattläusen befallen, schneidet man sie vorzeitig ab.

Pflanzenförderung: Um im Biogarten die Raupenfliegen, die zu den für Land- und Gartenbau nützlichen Insekten zählen, heimisch werden zu lassen, pflanzt man möglichst viele Doldenblütler, darunter auch Liebstöckel.

Paprika

(auch Beißbeeren, Peperoni, Rosenpaprika, Roter Piment, Spanischer Pfeffer oder Ungarischer Pfeffer genannt)

Capsicum annuum
(Familie: Solanaceae)

Herkunft und Beschreibung: Paprika spielte bereits zur Zeit der Entdeckung Amerikas von Mexiko bis Chile als scharfe Gewürzpflanze eine große Rolle. Kolumbus brachte sie 1514 unter dem Namen »Spanischer Pfeffer« nach Spanien. Die Droge hat mit dem Pfeffer botanisch nichts zu tun, sie ist ein Nachtschattengewächs. Die Pflanze ist einjährig, hat einen Stengel bis zu 60 cm Höhe, dunkelgrüne, glänzende Blätter und in den Achseln viele weiße Blüten an kurzen Stielen. Nach dem Abblühen verwandeln sie sich in zunächst grüne, dann kräftiggelbe, rote bis schwarzgrüne blasige Beeren, die Paprikaschoten, die das Capsaicin, das für die pfefferartige Schärfe verantwortlich ist, und die Vitamine C, B_1, B_2, E und das Provitamin A (Carotin) enthalten. Capsaicin befindet sich in den Scheidewänden der Frucht und wirkt wie das Piperin des Pfeffers, nur kräftiger und scharf brennend. Gewürzpaprika hat lange, schmale und rote Früchte. Gemüsepaprika dagegen große und breite Früchte, die als vitaminreiches Nahrungsmittel sehr geschätzt sind.

Standort: Paprika braucht einen nährstoffreichen, warmen, sonnigen Standort, und nur wenn genügend Wärme und auch ausreichende Feuchtigkeit da ist, kann er sich gut entwickeln.

Anbau: Paprika muß wie die Tomate in einem Minitreibhaus oder auf einem sonnigwarmen Fenster bei Keimtemperatur um 25°C vorgekeimt werden. Die Samen werden, nachdem man sie zwischen Februar und März in kleinen Töpfen vorgezogen und bis zum Aufgehen abgedeckt, feucht und warm gehalten hat, als Setzlinge in große Pflanzschalen umgesetzt und von da ab hell gestellt. Nach den Spätfrösten können sie dann an ihren endgültigen Standort. Paprika wird in einem Abstand von 40 x 50 cm an einer windgeschützten, sonnigen Stelle ausgepflanzt, damit die Pflanzen zum Blühen und Reifen kommen können. Die Blütezeit ist Juli bis September. Vorher muß man aber den

Scharfer Gewürzpaprika hat längere und schmalere Früchte als Gemüsepaprika.

Boden und das Pflanzloch gut mit nährstoffreichem Kompost vorbereitet haben. Die Freilandkultur gelingt am besten unter einem Folientunnel.

Pflege: Nach dem Anwachsen wird die Paprikapflanze regelmäßig mit Pflanzenjauche gedüngt. Man gießt alle 14 Tage mit einer Brennesseljauche 1 : 10 verdünnt. Der Boden um die Pflanzen sollte mit Gemüseabfällen oder Rasenschnitt gemulcht werden, so bleibt er stets genügend feucht.

Ernte: Die Sammelzeit für die Früchte ist Juli–September. Die reifen Schoten werden gepflückt, man läßt sie anwelken und trocknen. Dazu kann man sie auf Schnüre ziehen. Kühl und luftig aufbewahrt, bleiben sie so sehr lange haltbar.

Verwendung in der Küche: Der scharfe Paprika ist wegen seines hohen Vitamin-C-Gehaltes in der Küche sehr beliebt. Man kann ihn frisch, in feine Streifen geschnitten, mit Tomaten oder Gurken als Rohkostsalat essen oder auch gedünstet mit Fleisch und anderen Gemüsearten, wie beispielsweise Tomaten, Auberginen, Zucchini, Zwiebeln und Reis, als Risotto anrichten.

Die Hauptbedeutung des Spanischen Pfeffers beruht aber in der Verwendung als Gewürz in getrocknetem oder zerstoßenem Zustand. Vorsicht beim Gebrauch, denn das rote Pulver reizt die Schleimhäute. Wir unterscheiden in der Küche mehrere Sorten mit verschiedenen Schärfen.

Heilwirkung und Anwendung: Äußerlich angewendet heilt Paprika rheumatische Schmerzen, Neuralgien und Ischias, denn Spanischer Pfeffer fördert die Durchblutung der Haut. Innerlich ist Paprika appetitanregend, stoffwechsel- und kreislauffördernd. Paprika ist deshalb Bestandteil vieler Medikamente, die man aber nicht selber herstellen kann.

Samengewinnung: Von den besten und überreifen Früchten nimmt man einfach die Samen heraus, nachdem man die Früchte an der Luft trocknen und schrumpeln ließ, trocknet sie gut nach und bewahrt sie trocken und nicht zu kühl bis zur nächsten Frühjahrsaussaat auf.

Pimpinelle

(auch Bibernelle, Blutkraut, Pimpernelle, Pinellkraut oder Kleiner Wiesenknopf genannt)

Sanguisorba minor
(Familie: Rosaceae)

Herkunft und Beschreibung: Die Pimpinelle wächst bei uns wild auf feuchten Wiesen. Die ausdauernde Staude bildet zunächst eine Rosette aus unpaarig gefiederten Blättern, aus der später ein 30–60 cm hoher Blütensproß wächst, dessen rötlichbraune, kleine Blüten eiförmige Köpfchen bilden, die ab Juni zusammen mit denen des Großen Wiesenknopfes aus den übrigen Wiesenpflanzen herausragen.

Im Garten schneidet man die Blütentriebe frühzeitig heraus, weil sie die Bildung neuer zarter Blätter beeinträchtigen, denn auf diese und auf die Wurzeln kommt es an.

Standort: Die Pimpinelle braucht Sonne und humosen Boden.

Anbau: Von der Pimpinelle genügen zwei bis drei Pflanzen für eine drei- bis vierköpfige Familie. Man kauft die Pflanzen am besten einmal im Frühjahr, pflanzt sie an den endgültigen Platz und verjüngt sie alle zwei oder drei Jahre durch Wurzelstockteilung.

Pflege: Gemulchte Pflanzen braucht man höchstens bei anhaltender Trockenheit zu gießen. Im Herbst erhalten die Pflanzen nährstoffreichen Kompost.

Ernte: Die aromatischen Blätter werden den ganzen Sommer geerntet. Nach dem Rückschnitt wachsen sie zahlreich nach.

Die Wurzeln werden im Frühjahr oder Herbst geerntet und an einem luftigen Ort zum Trocknen aufgehängt. Die Blätter werden nur frisch verwendet.

Verwendung in der Küche: Die aromatischen Blätter können allein als Salat oder zusammen mit grünen Salaten angerichtet werden.

Heilwirkung und Anwendung: Die ganze Pflanze wirkt adstringierend, antiseptisch und entzündungshemmend. Früher wurde zum Stillen von Blutungen Pimpinellentee eingesetzt. Nasenbluten, Darmbluten, Blu-

Gut gemulcht und im Gewächshaus treibt die Pimpinelle so früh aus, daß sie bereits im März oder April Blätter für den Frühlingssalat liefern kann.

tungen außerhalb des Menstruationszyklus wurden damit behandelt. Dazu benutzte man einen Tee aus Kraut und Wurzeln.

Teezubereitung: 1–2 TL der Droge oder eine Handvoll frisches Pimpinellenkraut werden mit $\frac{1}{4}$ l kochendem Wasser übergossen. Man läßt 10 Minuten ziehen, seiht ab und trinkt 2 Tassen täglich zwischen den Hauptmahlzeiten.

Man kann den Tee gegen zu starke Monatsblutungen auch zu gleichen Teilen mit Brennesseln mischen. Bei äußeren Wundbehandlungen nimmt man statt der Brennesseln zur Hälfte Schachtelhalm dazu.

Pimpinellentee ist auch gegen Durchfälle wirksam.

Vermehrung: siehe Anbau

Rosmarin
(auch Brautkraut, Kid, Mariareinigung, Meertau oder Weihrauchkraut genannt)

Rosmarinus officinalis (Familie: Labiatae)

Herkunft und Beschreibung: Rosmarin war bereits bei den alten Ägyptern sehr beliebt. Vom Mittelmeer brachten Mönche die Pflanze im Mittelalter in ihre Klostergärten. Wie wir wissen, war Rosmarin die Lieblingspflanze von Pfarrer Sebastian Kneipp. Der Kräuterpfarrer hinterließ uns unter anderem ein Rezept für eine wirksame Salbe gegen Herzbeschwerden.

Der Rosmarinstrauch, der bis 2 m hoch werden kann, ist ein buschiges Gewächs mit immergrünen, schmal lanzettlichen Blättern. Die hellblauen Blüten werden gern von Bienen angeflogen.

Standort: Rosmarin braucht einen aufgelokkerten, durchlässigen, humosen Boden und viel Sonne.

Anbau: Rosmarin ist wenig winterhart und kann bei uns eigentlich nur in Weinbaugebieten auch im Winter draußen bleiben. Wenn der Winter nicht zu kalt wird, erreicht man mit einer Reisigabdeckung viel. Man kauft am besten eine Jungpflanze oder vermehrt durch Stecklinge (siehe Vermehrung).

Pflege: Rosmarin blüht an sich nur im Mai und Juni. Wenn man jedoch im Frühjahr mit Hornmist spritzt und im Sommer und beginnenden Herbst einmal monatlich mit Hornkiesel, trägt der Strauch auch im Herbst noch Blüten für die Bienen.

Ernte: Man sammelt im Juli und August die Blätter mit den jüngsten Trieben und trocknet sie im Schatten. Rosmarin strömt einen charakteristischen Duft aus, der an Kampfer erinnert. Er deutet schon auf den ätherischen Ölgehalt der Pflanze hin.

Verwendung in der Küche: Rosmarin als Gewürz in der Küche verwendet, verfeinert nicht nur viele Speisen, sondern macht diese auch bekömmlicher. Man nimmt jeweils nur einige feingehackte Blätter, denn der Geschmack von Rosmarin ist sehr kräftig.

Heilwirkung und Anwendung: Innerlich dient Rosmarin als Tee oder Gewürz zur Anregung des Kreislaufs, wirkt ausgleichend auf das Nervensystem, verdauungsfördernd, appetitanregend und galletreibend.

Äußerlich benötigt man Rosmarin für Bäder, Kräuterkissen und Massageöle als belebenden Zusatz.

Ein Rosmarinbad, das man aber nie am Abend nehmen soll, weil es sehr anregend wirkt, enthält 50 g getrocknete Rosmarinblätter, die mit 1 l gekochtem Wasser angesetzt werden. Den Absud muß man ½ Stunde ziehen lassen und nach dem Abseihen in das Badewasser schütten.

Vermehrung: Im Herbst sollte man mit jungen Trieben, die noch nicht verholzt sind, eine Stecklingsvermehrung machen.

Dafür mischt man humose Gartenerde oder gut verrotteten Kompost mit Sand, füllt mit dieser Erde einige Blumentöpfe und bestückt sie mit je einem jungen Trieb. Die Triebe werden mit einer Folie abgedeckt und in der Küche aufs Fensterbrett gestellt. Die Erde muß immer feucht sein.

Wenn die Triebe durchtreiben, haben sie Wurzeln gebildet. Von da ab sollten sie nicht nur hell, sondern auch sonnig stehen und feucht gehalten werden. Falls der Rosmarinstrauch im Garten erfroren ist, hat man im Frühjahr Ersatz aus Stecklingen gewonnen. Diese Pflanzen setzt man dann im Frühjahr nach den Spätfrösten im Mai in humose, etwas sandige Gartenerde.

Man kann die Pflanzen auch umtopfen und auf die Terrasse oder den Südbalkon stellen.

Pflanzenförderung: Wie Lavendel vertreibt auch Rosmarin Ameisen und Blattläuse.

Rosmarin

Sauerampfer

(auch Sauergras oder Sauerknöterich genannt)

Rumex acetosa
(Familie: Polygonaceae)

Herkunft und Beschreibung: Die Heimat des Sauerampfers ist Europa. Die Pflanze wird 30–60 cm hoch und hat einen kantigen, unten rot, oben grün gefärbten Stengel. Die Blätter sind länglich und saftiggrün.
In der Blütezeit von Mai bis August leuchten die Blüten braunrot.

Standort: Wir finden dieses Knöterichgewächs auf feuchten Wiesen, Äckern, Böschungen, in Gräben und an Wegrändern.

Anbau: Obwohl der Sauerampfer wild auf der Wiese wächst, sollte man kleine Mengen in seinem Biogarten säen. Der Boden darf nicht zu nahrhaft sein, aber locker und feucht. Sauerampfer kommt, einmal gesät, jedes Jahr wieder.

Pflege: Breitet er sich im Garten zu sehr aus, wirkt man mit Algenkalk entgegen.

Ernte: Man schneidet das junge Kraut frisch nach Bedarf, alte Blätter schmecken bitter.

Verwendung in der Küche: Die frischen, jungen Sauerampferblätter bereichern die Grüne Soße. Sie enthalten viel Vitamin C. Wegen seines hohen Oxalsäuregehaltes genießt man Sauerampfer nur in kleinen Mengen, in denen die Oxalsäure sogar gesundheitsfördernd ist.
Geringe Mengen Sauerampfer, zusammen mit anderen Wildkräutern gekocht, ergeben eine schmackhafte Frühlingssuppe.

Heilwirkung und Anwendung: In der Volksheilkunde gibt man frischen Sauerampfer als blutreinigende Frühlingskuren, bei Harnverhalten und Appetitlosigkeit.

Teezubereitung: Der Tee wird innerlich und äußerlich gegen Hautkrankheiten verwendet. Man übergießt 2 TL frischer, kleingeschnittener Sauerampferblätter mit $1/4$ l kochendem Wasser, läßt 10 Minuten ziehen und seiht ab. Man trinkt 2 Tassen Tee am Tag.
Äußerlich kann dieser Tee unverdünnt zu Hautwaschungen gebraucht werden.

Vermehrung: Die Vermehrung erfolgt durch Teilen und Aussaat. Den Samen sollte man kaufen und Blütenzweige rechtzeitig ausbrechen, damit sich der Sauerampfer nicht unkontrolliert vermehrt.

Sauerampfer

Wermut
(auch Absinth, Bitterer Beifuß, Heilbitter, Magenkraut oder Wurmkraut genannt)

Artemisia absinthium
(Familie: Compositae)

Herkunft und Beschreibung: Die Heimat des Wermuts ist Europa und das Mittelmeergebiet, aber wir finden ihn auch in Asien und Afrika an trockenen Stellen der Grassteppen. Das Wort Wermut stammt aus dem Mittelhochdeutschen und heißt soviel wie »wärmende Kraft«.

Die Pflanze ist eine bis zu 1,50 m hohe, winterharte Staude von buschigem Wuchs, mit aufrechten, mattgrauen und behaarten Stengeln, an denen wechselständig fiedrig gegliederte Blätter wachsen. Der seidig-filzige Stengel trägt an seinen Blütenstengeln zahlreiche hellgelbe Röhrenblüten.

Die 3–4 mm großen, nickenden Köpfchen sind halbkugelig oder fast kugelig. Wermut riecht würzig aromatisch und schmeckt gallebitter.

Standort: Bei uns wächst Wermut wild an sonnigen Plätzen, Wegen, Feldrainen, auf Schutthalden und in Weinbergen. Er liebt felsige Standorte und bevorzugt trockenen, stickstoffreichen und lockeren Boden.

Anbau: Für den Hausgarten kauft man eine junge Pflanze und setzt sie an einen sonnigen Platz.

Pflege: Da Wermut sehr anspruchslos ist, braucht er keine besondere Pflege. Nur für kalte Wintertage sollte man ihn im eigenen Garten mit Reisig gegen Frost abdecken.

Ernte: Gesammelt wird das Wermutkraut, vornehmlich der obere Teil der frischen Triebe, im August und September. Die gebündelten Kräuter werden an einem luftigen Ort getrocknet.

Verwendung in der Küche: Nur in ganz geringen Mengen wird frischer und getrockneter Wermut in der Küche zu Eintöpfen, Gänsebraten und Fleischgerichten mitgekocht. Größere Mengen und der Dauergebrauch sind gesundheitsschädlich, da das ätherische Öl Thujon Vergiftungen herbeiführen kann;

Frischer Austrieb beim Wermut

darum auch Vorsicht vor übermäßigem Genuß von Wermutspirituosen, zum Beispiel vor Absinth, der zu Nerven- und Gehirnschäden führt.

Heilwirkung und Anwendung: Die Bitterstoffe im Wermut helfen, fette Speisen besser zu verdauen, darum ist Wermuttee bei Appetitlosigkeit, Verdauungsbeschwerden, Blähungen und auch Magenkrämpfen zu empfehlen.

Teezubereitung: Wermuttee wird als Aufguß aus ½ bis 1 TL getrocknetem Kraut auf 1 Tasse Wasser bereitet und schluckweise vor den Mahlzeiten getrunken.

Vermehrung: Wermut kann aus Samen gezogen werden. Dazu streift man die reifen Samen an den Triebspitzen im September einfach ab und läßt sie ausgebreitet nachtrocknen.

Im Frühjahr sät man aus und versetzt später die etwa 5 cm hohen Pflanzen. Einfacher ist die Vermehrung durch Teilung.

Pflanzenförderung: Pflanzt man Wermut in der Nähe von anderen Pflanzen, so wird das Wachstum der benachbarten Pflanzen gehemmt. Einen Abstand von mindestens 1 m sollte man deshalb immer einhalten.

Abgeschnittener Wermut ist als Mulch unter Johannisbeeren empfehlenswert.

Steht er in der Nähe von Schwarzen Johannisbeeren, wird der Säulenrost abgewehrt.

Der Biogärtner weiß, wie wirksam eine Wermutbrühe bei Erdflohbefall ist.

Man stellt mit 300 g frischem oder 30 g getrocknetem Kraut und 10 l Wasser eine Brühe her und spritzt zweimal pro Woche.

Unverdünnter Tee (siehe Teezubereitung), auf den Boden und auf freie Flächen gebracht, unterbindet Ameisenlaufstraßen.

Gegen Blattläuse, Blattrandkäfer, Kohlfliegen spritzt man Wermuttee in dreifacher Verdünnung.

Wenn Kohlpflanzen wegen des Befalls mit Kohlfliegen welken, muß dreimal in kurzen Abständen Wermuttee direkt in das »Herz« einer jeden Pflanze gegeben werden.

Gegen den Apfelwickler spritzt man die Baumkronen kurz vor der Flugzeit mit Wermuttee, um damit den Apfelgeruch zu überdecken und Obstmadenbefall zu verhindern.

Zur Bekämpfung der Erbsengallmücke macht man eine 3fache Teeverdünnung. Während der Flugzeit der Mücken werden die Erbsenpflanzen regelmäßig damit gespritzt. Besteht die Gefahr, daß Kirschbäume von Mitte Mai bis einschließlich Juli von der Kirschenfruchtfliege befallen werden, spritzt man 3 Wochen nach der Blüte mit Wermuttee in 3facher Verdünnung, um damit die Eiablage der Kirschenfruchtfliege möglichst zu verhindern.

Schnittgut von Wermut sollte nie auf den Kompost gebracht werden, weil die fertige Komposterde dadurch wachstumshemmend wirken kann.

Blühender Wermut

Ysop

(auch Bienenkraut, Gewürzysop, Ispen oder Klosterysop genannt)

Hyssopus officinalis
(Familie: Labiatae)

Blauviolett blühender Ysop

Herkunft und Beschreibung: Die Pflanzen in unseren biologischen Gärten sind vielfach Arznei-, Duft- und Würzpflanzen. Zu ihnen gehört auch der Ysop. Seine Heimat ist der Mittelmeerraum Südosteuropas. Schon im Alten Testament wurde Ysop erwähnt; David betete: »Entsündige mich durch Ysop.«
Die Mönche kannten seine blutreinigende Kraft schon im Mittelalter und bauten ihn in den Klostergärten an, deshalb auch der volkstümliche Name »Klosterysop«.
Ysop ist ein Halbstrauch, der bis zu 50 cm lange, vierkantige Stengel hervorbringt. Die Blätter sind gegenständig, dunkelgrün und lanzettlich. Die Blüten sind blau, seltener rosa oder weiß. Der Geruch ist würzig und kampferartig.

Standort: Ysop liebt viel Sonne und einen lockeren, trockenen Boden mit etwas Kalk.

Anbau: Das wertvolle Heilkraut wird im Frühjahr und Frühsommer gepflanzt. Im Garten benötigt man im allgemeinen ein bis zwei Pflanzen, die am besten als Setzlinge gekauft werden.

Pflege: Da Ysop nicht ganz frostfest ist, gibt es nach der Winterzeit erfrorene Triebe, die man im Frühjahr auslichten sollte. Zu derselben Zeit, aber auch im Herbst, ist Ysop für reifen Kompost dankbar.

Ernte: Da die Pflanze rasch ausschlägt, kann während der Vegetationszeit mehrmals geerntet werden. Man sammelt das Kraut und läßt es an einem schattigen Ort in Bündeln aufgehängt trocknen und bewahrt es in luftdicht verschlossenen Behältern auf.

Verwendung in der Küche: Wenn Ysop nach dem Trocknen sofort luftdicht aufbewahrt wird, verliert er nichts von seiner Würzkraft. Er schmeckt und duftet aromatisch. Man kann Eintöpfe, Suppen, Bohnen-, Kartoffel- und Fleischgerichte damit geschmacklich bereichern. Frische, junge Blätter und Triebe setzt man sparsam Salaten und Soßen sowie Quarkspeisen zu.

Heilwirkung und Anwendung: Der Ysoptee wirkt verdauungsfördernd, blutreinigend, entschleimend auf die Atmungsorgane, anregend und stärkend.

Nebenwirkungen: Vorsicht bei höheren Dosierungen, das Ysopöl kann unter bestimmten Umständen Krämpfe auslösen. 2 Tassen Ysoptee täglich über mehrere Wochen sind jedoch unbedenklich und wohltuend.

Teezubereitung: Aus 2 TL Droge und ¼ l Wasser bereitet man einen Aufguß und trinkt davon 2 Tassen täglich.

Pflanzenförderung: Sollte man im Frühjahr oder Herbst im Biogarten Erdraupen bemerken, muß kurz vor und während der Flugzeit der Schmetterlinge auf die Beete Ysopauszug gegossen oder gesprüht werden.
1 kg frisches Ysopkraut oder 100–150 g getrocknete Droge werden mit 10 l Wasser angesetzt und zur Bekämpfung des Schädlings 3fach verdünnt gespritzt.
Ysop, auch volkstümlich Bienenkraut genannt, ist eine ausgezeichnete Bienenfutterpflanze.

Wildkräuter, Wildsträucher und heilsame Zierpflanzen

Die in unseren Breiten in der freien Natur vorkommenden Kräuter zählen wir zu den Wildkräutern. Sie brauchen nicht im Garten ausgesät oder gepflanzt zu werden. Meist siedeln sie sich an bestimmten Stellen, die ihren Bedürfnissen entsprechen, von selbst an.

Brauchte man diese Wildkräuter früher für Jauchen oder Brühen, als Dünger oder zur Schädlings- und Krankheitsabwehr bei Kulturpflanzen, aber auch für Kräutertees, holte man sie sich aus der Natur. Leider sind diese Zeiten weitgehend vorbei. Man kann Kräuter heute nur noch an solchen Stellen sammeln, wo man sicher ist, daß nicht chemisch gespritzt oder gedüngt worden ist.

Da ist es gut, wenn sich solche Wildkräuter von allein im Garten ansiedeln. Braucht man sie in größeren Mengen, dann ist es sogar sinnvoll, sie auszusäen, wie etwa die Brennessel oder die Schafgarbe. Andere, wie zum Beispiel Beinwell, pflanzt man besser oder legt ein Wurzelstück in die Erde.

Unter den Wildsträuchern gibt es ebenfalls eine Reihe wirksamer Heilpflanzen. Im Naturgarten sollten sie ohnehin nicht fehlen, bieten sie doch vielen im Garten nützlichen Tieren Unterschlupf und Nahrung.

Von den heilkräftigen Zierpflanzen werden hier nur einige wenige, die ohne Bedenken und mit gutem Erfolg genutzt werden können, vorgestellt.

Sanddorn hat vitaminreiche, eßbare und dazu noch dekorative Früchte.

Baldrian

(auch Ballerjan, Bullerjan, Dreifuß, Katzenkraut, Mondwurzel, Stinkwurz oder Waldspeik genannt)

Valeriana officinalis
(Familie: Valerianaceae)

Herkunft und Beschreibung: Baldrian gehört zu den seit langem bekannten Arzneipflanzen und war schon im 5. Jahrhundert vor Christi Geburt in Gebrauch, erlangte aber erst in den 60er Jahren dieses Jahrhunderts seine wissenschaftliche Anerkennung. Diese kraftvolle, sehr ausdauernde Pflanze wächst in Mitteleuropa häufig wild und ist auch teilweise in Asien und Amerika verbreitet. Sie wird 80–100 cm hoch, hat einen runden, aufrechten Stengel, der längsgefurcht ist, gegenständige, unpaarig gefiederte Laubblätter und an den Stengelspitzen kleine, hellrötlich-weiße Blüten in Trugdolden.

Der kurze Wurzelstock mit zahlreichen Nebenwurzeln ist in frischem Zustand fast geruchslos.

Blütezeit ist von Juli bis August.

Standort: Die Baldrianpflanze liebt einen stark durchfeuchteten Boden. Deshalb kann man sie auf feuchten Wiesen, sogar im Wasser, an Flußufern und in feuchten Wäldern finden. Sie wächst aber auch an trockenen Dämmen, Schutthalten und Gebüschen, weil sie sehr anpassungsfähig ist, nur bleibt sie dort niedriger.

Anbau: Baldrian wird in Feldkulturen angebaut. Will man Baldrian kultivieren, legt man im Herbst frische Wurzelstücke 5 cm tief in den Boden.

Pflege: Die Pflanzen brauchen außer einer Mulchdecke keine Pflege, müssen bei Trockenheit allerdings regelmäßig gegossen werden.

Ernte: Ernte und Sammelzeit der Wurzel des Baldrians sind die Monate August bis Oktober. Die Wurzeln gräbt man aus, wäscht sie kurz aber gründlich und entfernt durch Kämmen die kleinen Wurzelhaare. Nur die große Wurzel wird aufgehängt und bei einer Temperatur von 35°C im Trockenofen getrocknet.

Baldrian ist eine wichtige Pflanze im Biogarten.

Der typische Baldriangeruch, der sich aus den Baldriansäuren und ätherischen Ölen entwickelt, tritt erst nach dem Trocknen auf.

Aus Baldrianblüten kann man sich selbst einen Extrakt zubereiten. Dazu sammelt man die Blüten zwischen dem 21. Juni und 19. Juli, wenn die Sonne in den Zwillingen steht, morgens bei sonnigem Wetter.

Die Blüten werden sofort ausgepreßt – am besten mit einer Handpresse – und der Saft mit der dreifachen Menge warmem Wasser 5 Minuten verrührt. Bei längerer Rührzeit verflüchtigen sich Wirkstoffe des Baldrians. Diesen Extrakt kann man das ganze Jahr aufbewahren und nach Bedarf nochmals stark verdünnt (siehe Pflanzenförderung) ausspritzen.

Heilwirkung und Anwendung: Baldrian wirkt beruhigend, besonders bei nervösen Störungen aller Art, Erschöpfungszuständen, geistiger Arbeitsüberlastung und Schlaflosigkeit. Bei nervösem Herzklopfen nimmt man Baldriantee.

Teezubereitung: ½–2 TL getrocknete Baldrianwurzel übergießt man mit 1 Tasse kaltem Wasser, läßt diesen Auszug 10–12 Stunden stehen und rührt ab und zu um. Man trinkt den ganzen Tag kleine Schlucke.

Vermehrung: Wurzelstücke sollen bei der Wurzelernte für den Neuaustrieb im Boden gelassen werden.

Pflanzenförderung: Baldrianblütenextrakt (siehe Ernte) regt das Bodenleben an und erzeugt bei Bohnen, Erbsen, Erdbeeren, Cyclamen, Geranien, Petunien, Wicken und vielen anderen Blumen eine große Blütenfülle. Es muß aber der Extrakt der Blüten und nicht der Wurzel sein.

Vorbeugend gegen Frostschäden bei geringen Früh- und Spätfrösten genügt es bereits, 50 Tropfen des Extrakts, vermischt mit 5 l lauwarmem Wasser (5 Minuten rühren), gegen Abend fein zu versprühen. Für Saatgut (aber nicht für Leguminosen) ist dieser Baldrianblütenextrakt eine ausgezeichnete Vorbehandlung, um seine Keimfreudigkeit zu erhöhen.

Baldrian gehört zu den biologisch-dynamischen Präparatepflanzen.

Beifuß

(auch Besenkraut, Buchele, Gänsekraut, Geißbart, Jungfernkraut oder Wilder Wermut genannt)

Artemisia vulgaris
(Familie: Compositae)

Herkunft und Beschreibung: Beifuß gehört zu den am weitesten verbreiteten Wildkräutern auf Schuttplätzen und mageren Böden. Ursprünglich wohl in Asien zu Hause, hat sich die anspruchslose, ausdauernde Staude auf der ganzen nördlichen Halbkugel angesiedelt. Inzwischen schmückt die grüngraue, 1,50 m hohe Pflanze auch von Alaska bis Mexiko die Wegränder.

Ihre fiederlappigen Blätter sind auf der Unterseite weißfilzig. Die graubraunen Korbblüten sitzen an den reich verzweigten Stengelenden und blühen von Juni bis September.

Standort: Sonnig und trocken stehend wächst Beifuß in jedem Gartenboden.

Anbau: Im Garten wird der wenig zierende Beifuß allerhöchstens dort stehengelassen,

Beifuß wächst bei uns wild.

wo er sich selbst angesiedelt hat, und dann auch nur mit wenigen Exemplaren, denn die Pflanzen nehmen viel Platz ein.
Will man das heilkräftige Gewürzkraut dennoch nicht missen, kann man es an abgelegener, aber sonniger Stelle im Garten aussäen oder einen Wurzelstock pflanzen.

Pflege: ist nicht nötig.

Ernte: Vollerblühte Pflanzen sind unerträglich bitter. Deshalb werden die Zweigenden mit den noch geschlossenen Blütenknospen geerntet, zu Sträußen gebündelt und hängend getrocknet.

Verwendung in der Küche: Das frische oder getrocknete Kraut schmeckt angenehm würzig, aromatisch und etwas bitter. Es macht fette Speisen bekömmlicher. Entenund Gänsebraten erhalten vor dem Einschieben in die Backröhre einen ganzen Strauß Beifuß oder man gibt die abgerebelten Blüten und Blätter in die Hackfleischfüllung.
Auch rohe Gemüsesalate werden durch frischen Beifuß verfeinert.
Für Salate, Soßen, Schmalz und pikante Quarkspeisen kann man eine Gewürzmischung aus 6 g Beifuß, 5 g Basilikum, 2 g Thymian und 2 g Rosmarin herstellen. Die getrockneten Gewürze werden zusammen fein verrieben, durchgesiebt und können nach Bedarf verwendet werden.

Heilwirkung und Anwendung: Durch den regelmäßigen Gebrauch als Gewürz stärkt Beifuß geschwächte Verdauungsorgane.
Da Beifuß fäulnishemmend und reinigend auf den Verdauungstrakt wirkt, beseitigt der Tee Magen- und Darmstörungen mit übelriechenden Durchfällen und Mundgeruch. Er unterstützt den Heilungsprozeß bei Blasen-, Gallen- und Leberleiden, hilft bei Kopfschmerzen, Übelkeit, Nervenschwäche.

Teezubereitung: 1 EL geschnittenes, getrocknetes Kraut wird mit 1/4 l kochendem Wasser übergossen und vor dem Abseihen nur 1–2 Minuten ziehen gelassen. Man trinkt 1–3 Tassen täglich.

Samengewinnung: Diese ist im Garten nicht empfehlenswert, da sich die Pflanzen, läßt man sie soweit heranwachsen, zu stark selbst aussamen würden.

Beinwell

(auch Beinwurz, Bienenkraut, Hasenlaub, Komfrey, Kuchenkraut, Speckwurz, Waldwurz oder Wallwurz genannt)

Symphytum officinale

Angebaut wird meist eine in Rußland natürlich vorkommende Hybride von S. asperum (Komfrey) und S. officinale mit dem botanischen Namen Symphytum x uplandicum.

(Familie: Boraginaceae)

Herkunft und Beschreibung: Beinwell ist eine vitale Pflanze, deren Wurzeln kaum auszurotten sind und deren Blatt- und anhaltende Blütenfülle nicht nur unschöne Stellen im Garten verdeckt, sondern auch ausgiebig für Düngerjauchen, Heilzwecke, aber auch als Bienenweide genutzt werden kann. Die langen Röhrenblüten werden vorwiegend von Hummeln angeflogen.
Symphytum officinale wächst in ganz Mitteleuropa wild in feuchten Auen, Wiesen und Waldlichtungen.
Die kräftigen, außen schwarzen, innen weißen Rhizome treiben Blattrosetten und später 50 cm, manchmal auch bis zu 1 m hohe hohle, verästelte Sprosse. Die lanzettlichen Blätter und der Stengel sind reich behaart. Die Blätter reichen bis zu den Sproßspitzen, aus denen spiralige Doppelwickel mit gelblichweißen, rosa bis violetten Blütenglöckchen treiben.

Standort: sonnig bis halbschattig auf normalem, aber feuchtem Gartenboden.

Anbau: Man kauft sich am besten eine Pflanze beim Gärtner oder besorgt sich vom Nachbarn ein Wurzelstück, das man 5 cm tief in die Erde legt. Man nutzt feuchte Stellen oder mulcht, damit sich die Bodenfeuchtigkeit lange hält.

Pflege: Beinwell ist sehr anspruchslos. Seine tiefreichenden Wurzeln holen sich genügend Nährstoffe aus dem Bodenuntergrund und erschließen Kalivorräte. Im Herbst kann man mit Mulchkompost düngen.

Ernte: Die Wurzeln werden vor der Blüte der Pflanzen oder im Spätherbst nach dem Einziehen geerntet. Zu diesen Zeiten ist der Wirkstoffgehalt der Wurzeln am größten. Man sticht einen Teil der Wurzeln ab.

Sollen die Wurzeln aufbewahrt werden, säubert man sie von der anhaftenden Erde, schneidet sie der Länge nach durch und hängt sie luftig zum Trocknen auf.

In den Blättern, Stengeln und Blüten hat man geringfügige Mengen von Stoffen gefunden, die bei innerlichem Dauergebrauch lähmend auf das Zentralnervensystem wirken. Deshalb werden die Blätter nicht mehr innerlich angewendet. Früher gebrauchte man junge Blätter wie Borretschblätter in Salaten.

Als Dünger und Mulch sind die Beinwellblätter jedoch nicht aus dem Biogarten wegzudenken. Man kann sie während der ganzen Vegetationsperiode ernten. Die Pflanzen bilden immer wieder große Blattmassen.

Heilwirkung und Anwendung: Beinwell regt die regenerierenden Kräfte des Körpers außerordentlich an. Schon im Mittelalter wurden Wurzeln und Blätter von Hildegard von Bingen und später von Paracelsus mit großem Erfolg bei Knochenbrüchen, -eiterungen und Knochenmarkentzündungen genutzt, ebenso bei rheumatischen Schmerzen, Gicht, Muskelschmerzen, Zerrungen, Verstauchungen, Verrenkungen, Bandscheibenschäden und Durchblutungsstörungen.

Man verwendet für Umschläge entweder einen Auszug oder einen Brei aus Wurzeln und Blättern als Auflagen.

Auszugzubereitung: 100 g getrocknete Beinwellwurzel oder die 5fache Menge frischer, zerkleinerter Wurzeln werden in 1 l Wasser kalt angesetzt, 10 Minuten gekocht und danach gleich abgeseiht.

Mit diesem Auszug macht man warme Umschläge.

Breiauflage: Getrocknete Wurzeln werden in einer Schrotmühle fein zermahlen oder fri-

Komfrey oder Beinwell ist dank seiner langen Blütezeit auch schön anzusehen.

sche Wurzeln fein gerieben. Der Brei wird mit 1 Tasse sehr heißem Wasser und einigen Tropfen Sonnenblumen- oder Olivenöl so schnell wie möglich zu einem Brei verrührt, warm auf die kranke Stelle aufgetragen, mit einem Leinentuch abgedeckt und rutschfest verbunden.

Blätterauflage: Frische Blätter überbrüht man mit heißem Wasser, seiht ab, legt die Blätter warm auf und fixiert die Stelle mit einem Verband.

Badezusatz: Für ein Vollbad setzt man 500 g frische oder 75 g getrocknete Blätter 12 Stunden mit ungefähr 5 l Wasser kalt an, erhitzt dann bis zum Sieden, seiht ab und gibt den Auszug ins Badewasser. Rheuma, Gicht, Knochenschmerzen, Bandscheibenschäden, Durchblutungsstörungen in den Gliedmaßen und Krampfadern werden durch solche Bäder günstig beeinflußt. Die Bäder eignen sich auch vorzüglich zur Nachbehandlung von Knochenbrüchen.

Die äußere Behandlung kann durch Teetrinken unterstützt werden.

Teezubereitung: 2 TL zerkleinerte, getrocknete Beinwellwurzeln werden mit $1/4$ l Wasser überbrüht, 15 Minuten ziehen gelassen. Von diesem Tee trinkt man täglich 2–3 Tassen.

Nebenwirkungen: Beim Gebrauch der Wurzeln sind keine zu befürchten; der Dauergebrauch der Blätter als Salatzusatz oder Tee kann jedoch zu Leberschäden führen.

Pflanzenförderung: Die sehr kieselsäurereichen Beinwellblätter und -wurzeln sind in Form von Jauche ein guter Dünger für Gemüse, Obstgehölze, Zier- und Zimmerpflanzen. Die Jauche wird mit 1 kg frischen oder 150 g getrockneten Blättern oder Wurzeln und 10 l Wasser angesetzt und täglich umgerührt. Sobald die Jauche beim Rühren keine Blasen mehr bildet, ist sie einsatzbereit und kann jederzeit – 3fach verdünnt – um die Pflanzen gegossen oder auch – 5fach verdünnt – gespritzt werden. Die Jauche kräftigt die Pflanzen sehr und sorgt für deren Gesunderhaltung.

Beinwell schließt im Boden Kalium auf und entlädt aus diesem Grunde auch selbst recht viel davon.

Birke

(auch Besenbaum, Frühlingsbaum, Hängebirke, Maibaum, Moorbirke, Sand- oder Weißbirke genannt)

Betula pendula = Hängebirke
Betula pubescens = Moorbirke
(Familie: Betulaceae)

Herkunft und Beschreibung: Kaum ein Baum kündet so den Frühling an wie die Birke, die zu den verbreitetsten Bäumen in ganz Europa und Asien zählt. Weiß leuchtet der schlanke, silberweiß glänzende Stamm. Das zarthelle Maigrün der Blätter und die hängenden Kätzchen, die im Winde schaukeln, zeigen, daß der Frühling da ist. Die einhäusigen Blütenkätzchen entfalten sich mit den Blüten zugleich. Eine Vielzahl von Märchen und Sagen, von Sitten und Gebräuchen hat die Birke zum Gegenstand. Den Germanen und Slawen galt sie als Lebensbaum.

Standort: Die Birke gedeiht auf allen Böden, sogar leichten Sandböden; sie ist anspruchslos. Die Hängebirke bevorzugt trockene Standorte, die Moorbirke wächst lieber auf Moorboden, in Sümpfen und auch in feuchten Wäldern.

Anbau: Weil die Birke als junge Pflanze ein Flachwurzler ist, sollte man sie im Frühjahr setzen, kurz bevor die Blätter auszuschlagen beginnen. Die Birke wird stets mit Erdballen eingepflanzt und durch einen Pfahl gestützt.

Pflege: Im ersten Jahr muß man reichlich gießen. Birken brauchen einen feuchten Standort, da sie bis zu 70 l Wasser am Tag über die Blätter verdunsten. Die Bäume bluten leicht und werden aus diesem Grunde nicht geschnitten.

Ernte: In den Monaten Mai und Juni werden die jungen Blätter gesammelt und luftgetrocknet. Durch vorsichtiges Anbohren des Stammes gewinnt man im Frühjahr den Birkensaft.

Verwendung in der Küche: Junge Birkenblätter bereichern zusammen mit Wildkräutern den Frühlingssalat.

Heilwirkung und Anwendung: Da die jungen Blätter der Birke sehr wassertreibend sind und die Nieren in ihrer Tätigkeit schonend unterstützen, ist die Birke eines der besten Diuretica bei Nierenbeschwerden, Rheuma, Gicht und Wassersucht. Der Birkensaft wird zu Birkenhaarwasser verarbeitet, das Haarausfall und Schuppenbildung stoppen soll.

Teezubereitung: Den Tee bereitet man mit 2 gehäuften TL getrockneter Birkenblätter, die mit ¼ l kochendem Wasser übergossen und nach 10 Minuten abgeseiht werden. 2 Tassen täglich, aber nie am Abend getrunken, genügen zur Entwässerung.

Vermehrung: Man kauft im Frühjahr gut ausgebildete Ballenpflanzen und überläßt die Samengewinnung und Vermehrung den Baumschulen.

Pflanzenförderung: Die Birke steht nicht gern allein, am besten wächst sie in Gruppen mit anderen Birken.

Das flache Wurzelsystem entnimmt der oberen Bodenschicht viel Wasser, deswegen müssen Bäume, Sträucher und auch der Rasen in der Nachbarschaft der Birke – vor allem der Moorbirke – reichlich und oft gewässert werden.

Eigentlich sollten Birken im Garten nur dort gepflanzt werden, wo der Boden von Natur aus feucht ist. Dieser wird durch Birken auf natürliche Weise entwässert.

Birkenstamm mit herbstlich gefärbten Blättern

Brennessel

(auch Donnernessel, Hanfnessel, Saunessel oder Nessel genannt)

Urtica dioica
Urtica urens
(Familie: Urticaceae)

Herkunft und Beschreibung: Jeder lernt, einen respektvollen Bogen um Brennesseln zu machen, wenn er sich einmal an ihnen »verbrannt« hat.

Tatsächlich spürt man nach der Berührung von Brennesseln Schmerzen wie nach einer Verbrennung der Haut. Diese rötet sich und schwillt an.

Daß dieser Schmerz heilsam ist, wissen heute die wenigsten. Die Brennhaare der Brennesselblätter und Stengel dringen bei Berührung in die Haut ein und geben eine Flüssigkeit ab, deren Hauptbestandteil die Ameisensäure ist. Diese ist in jedem menschlichen Organismus, aber auch in der ganzen belebten Natur in kleinsten Mengen unbedingt notwendig, um Abbauprozesse wieder in Aufbauprozesse zu überführen.

Dieses unscheinbare, vom modernen Menschen gemiedene und als Unkraut verachtete Kraut verdient unsere größte Hochachtung und Verehrung, wächst es doch auf den unwirtlichsten Stellen, auf Schuttplätzen, Ödland, an Grabenrändern, Zäunen und nutzt auch im Garten jedes unbebaute Plätzchen, selbst wenn dort Feldsteine, Bretter oder Gefäße auf weitere Verwendung warten. Und dabei gibt es keine vollwertigere Nahrung, die in Notzeiten Mangelerscheinungen verhindern helfen kann. Brennesseln, als Suppe oder als Gemüsebrei gekocht, aber auch – angewelkt – roh als Salat, hat schon manchem in Hungerszeiten zu körperlichem Wohlbefinden und Tatkraft verholfen. (Durch das Anwelken »brennen« Brennesseln nicht mehr.)

Jeder kennt wohl die Brennessel mit den gegenständig angeordneten, dunkelgrünen, am Rand gesägten Blättern an unverzweigtem Stengel, der von Juni bis Oktober im oberen Teil mit Blütenrispen besetzt ist.

Die Urtica dioica kann über 1 m hoch werden, die kleinere Urtica urens brennt dafür etwas agressiver.

Man pflückt beide sicherheitshalber mit Handschuhen. Nur wer schnell und fest zugreift, wird auch mit bloßer Hand nicht verbrannt.

Standort: Die Brennessel wächst vor allem auf Störzonen, die durch Wasseradern und

Brennessel: links blühend, rechts neuer Aufwuchs nach dem Abmähen

Verwerfungen hervorgerufen werden. Auch elektromagnetische Felder rufen Brennnesseln auf den Plan. Wahrscheinlich gedeihen sie deshalb so zahlreich in Hausgärten.

Anbau: Man braucht Brennesseln kaum anzubauen. Sie finden sich in der Nähe menschlicher Wohnstätten meist von selbst ein und bevorzugen humosen Boden, bereiten sich diesen aber mit der Zeit selbst. Will man Brennesseln für ganz bestimmte Zwecke anbauen und der erste Saatversuch gelingt nicht recht, dann mache man mit samenden Brennesseln eine Jauche und bringe diese nach der Vergärung verdünnt aus.

Pflege: ist nicht erforderlich.

Ernte: Sie ist jederzeit möglich. Für Tees sammelt man nur die zarteren Blätter an den Stengelspitzen vor der Blütenentwicklung und trocknet sie an einem schattigen Platz. Zur Bereitung von Flüssigdüngern kann man die ganzen Pflanzen pflücken, auch mit Wurzeln ausreißen, aber normalerweise, bevor die Blüten in die Samenbildung übergehen. Im Frühjahr und Herbst werden die Wurzeln ausgegraben.

Verwendung in der Küche: So oft es möglich ist, sollten Brennesseln rohen Salaten aller Art zugegeben und in Quark feingehackt eingerührt werden. Man kann Brennesseln aber auch wie Spinat oder Sauerampfer als Gemüse zubereiten.

Heilwirkung und Anwendung: Kaum eine andere Pflanze ist so blutreinigend und gleichzeitig so blutbildend wie die Brennessel. Sie regt den gesamten Stoffwechsel an. Leber, Galle, Nieren und Harnwege, aber auch Lungen und Bronchien werden bei einer Brennesselkur so gut gereinigt, daß zum Beispiel Kopfschmerzen, Allergien, Heuschnupfen und Anfälligkeit für Erkältungen und Grippe abnehmen oder sogar gänzlich verschwinden. Die Brennesselkur kann durch die tägliche Zugabe von Brennesseln zu den Speisen ergänzt werden. Die eigentliche Kur macht man mit Brennesseltee.

Teezubereitung: 1–2 TL getrocknete oder eine Handvoll frische Brennesselblätter werden mit ¼ l kochendem Wasser überbrüht und 10 Minuten ziehen gelassen. Von dem abgeseihten Tee trinkt man morgens 2 und abends 1 Tasse 4–8 Wochen lang. Brennesseln kann man ohne Bedenken über lange Zeit – in welcher Form auch immer – zu sich nehmen. Bei Rheuma, Gicht und Ischias kann eine Entschlackungskur durch Einreibungen mit Brennesseltinktur unterstützt werden.

Brennesseltinktur: Man reinigt Brennesselwurzeln gründlich, zerkleinert sie, füllt ein breites, verschließbares Gefäß, beispielsweise ein Einmachglas, mit dem Schnittgut und übergießt es mit 38–40 prozentigem Kornbranntwein. Die Wurzeln sollten gut abgedeckt sein. Man läßt diese Mischung wenigstens 14 Tage an einem warmen Ort stehen und rührt täglich um. Mit der durchgeseihten Tinktur kann man schmerzende Glieder einreiben. Diese Zubereitung wird auch für tägliche Kopfmassagen verwendet. Sie fördern den Haarwuchs.

Pflanzenförderung: Die Brennessel ist aufgrund ihres hohen Chlorophyllgehalts, aber auch ihrer Anteile an Kalk, Kalium, Eisen sowie anderen Spurenelementen und Vitaminen für jeden Garten ein wahrer Segen. Man kann eine größere Menge Brennesseln sammeln oder abmähen und aus den Pflanzen einen besonders gehaltvollen Kompost herstellen. Brennesseljauche (Herstellung siehe unter Beinwell, Seite 74) ist wachstumsfördernd und beugt Schädlingsbefall vor. Man setzt 200 g getrocknetes oder 1 kg frisches Kraut mit 10 l Wasser an und verdünnt 10–20fach. Wollen Apfel- oder Birnbäume nicht recht gedeihen, so kann das daran liegen, daß sie auf Erdstörzonen wachsen. In solchen Fällen sät man auf den Baumscheiben Brennesseln aus. Die Strahlenflüchter entwickeln sich von da ab prächtig. Die Brennessel gehört zu den biologisch-dynamischen Präparatepflanzen. An Brennesseln überwintern verschiedene Schmetterlinge, vor allem Tagpfauenauge, Admiral und Kleiner Fuchs. Im Biogarten läßt man deshalb immer einen Teil der Brennesseln stehen.

Gänseblümchen

(auch Augenblümchen, Marienblümchen, Maßliebchen, Regenblume, Tausendschönchen oder Winterröschen genannt)

Bellis perennis
(Familie: Compositae)

Herkunft und Beschreibung: Von Europa über den Iran und Syrien bis hin nach Afghanistan ist das Gänseblümchen verbreitet. Die unscheinbaren Pflänzchen mit dem ausdauernden Wurzelstock, der Blattrosette mit den spatelförmigen Blättern und den auf blattlosen, runden Stengeln stehenden Korbblüten mit weißen Rand- und dottergelben Röhrenblüten sind überall auf Wiesen, Weiden und an Wegrändern anzutreffen. Sie sind außerordentlich blühwillig. Kaum ist der Schnee an einer Stelle der Wiese weggeschmolzen, blinzeln einen schon die Augenblümchen an, als wollten sie sagen: »Tu Dir etwas Gutes an, pflück' und iß mich.«

Standort: sonnig

Anbau: Gänseblümchen siedeln sich in jedem Garten auf der Blumenwiese und auch auf dem Rasen an. Ihre Einkehr in einem neu angelegten Garten kann man durch Pflanzen einiger Tausendschönchen, eine Zuchtform des Gänseblümchens mit gefüllten und größeren Blütenkörben, beschleunigen. Sie samen sich aus, wenn man die Blüten nicht abpflückt, und werden schon im nächsten Jahr zu schlichten Gänseblümchen.

Pflege: ist nicht erforderlich.

Ernte: Gänseblümchen stehen uns das ganze Jahr zur Verfügung, selbst unter Schnee findet man die an den Boden geschmiegten Blattrosetten.

Verwendung in der Küche: Wenn noch keine andere Heilpflanze grünt, kann man bereits Gänseblümchenblätter und oft auch Blüten pflücken und geschnitten unter rohe Salate oder feingehackt unter pikanten Quark geben.

Heilwirkung und Anwendung: Mit Gänseblümchen kann man zu Beginn des Jahres eine Entschlackungskur machen. Die Leber wird angeregt, das Blut von Schlacken befreit, wenn man Gänseblümchen über einige Wochen täglich den Speisen zusetzt. Sie schmecken mild bitter und lösen auch Verschleimungen der Luftwege.

Je höher die Sonne im Frühling steigt, desto vielseitiger können Gänseblümchen mit anderen ergrünenden Kräutern für die Blutreinigungskur gemischt werden. Nach den Gänseblümchen sprießen auch bald die ersten Brennesseln, Löwenzahn, Gundelrebe und die Fiederblättchen der Schafgarbe. Diese Mischung ergibt auch guten Entschlackungstee.

Samengewinnung: siehe Anbau

Gänseblümchen besiedeln Wiesen und Rasen und blühen selbst im Winter.

Hagebutte
(auch Hainbutten, Hainrose, Heckenrose, Hundsrose oder Wilde Heiderose genannt)

Rosa canina
(Familie: Rosaceae)

Herkunft und Beschreibung: Die in Europa weit verbreitete und in Deutschland als Hekken an Waldrändern und in Gärten vorkommende und oft zusammenhängende Gebüsche bildende Hecken- oder Hundsrose gehört zu den wilden Rosenarten.
Hagebutten wurden schon in der Vorzeit gesammelt. Die Heckenrose bildet einen aufrechten Strauch bis 2 m Höhe, mit überhängenden, stachligen Ästen, die unpaarig gefiederte Blätter haben. Die Blüten sind hellrosarot, duftlos, ungefüllt und befinden sich in einen vertieften Blütenboden eingebettet, der bei der Reife rot und fleischig wird (Scheinfrucht) und als Hagebutte bekannt ist. In dieser Scheinfrucht befinden sich die wirklichen Früchte.
Die Blütezeit ist im Juni und Juli, die Sammelzeit der Hagebutten im September und Oktober.
Die orange- bis zinnoberroten Hagebutten an den mehr oder weniger hängenden Zweigen der Strauchrosen sind im Herbst und Winter eine Zier für jeden Garten.
Standort: Die Wildpflanze sollte einen mageren, aber doch kalkhaltigen Boden und einen sonnigen Platz haben. Sie wächst auf trockenen, auch steinigen Hängen und an Felsen.
Anbau: Bei der Neupflanzung der Wildrosen sollte man bereits in das Pflanzloch Urgesteinsmehl geben. Rosen sind dadurch besser gefeit gegen Mehltau und andere Pilzkrankheiten.
Pflege: Die Hagebutte liebt etwas Feuchtigkeit, klare Luft und mineralische Volldünger mit etwas Eisen. Im Herbst streut man deshalb Meerwunder, im Frühjahr wird Algenkalk und Mistkompost eingearbeitet.
Ernte: Die reifen, roten Hagebutten werden im Herbst gesammelt, zerschnitten und in dünnen Schichten getrocknet. Für Tees werden das Fruchtfleisch und Kerne zusammen verwendet. Will man das Fruchtfleisch allein verwerten, entfernt man die Kerne vor dem Trocknen. Sie eignen sich für Tees. Das Trocknen muß sehr schnell geschehen, am besten im Backofen bei bis zu 40°C. Die Lagerung soll nicht länger als ein Jahr betragen, weil die Wirkstoffe sonst verlorengehen und die Hagebutten zu schimmeln beginnen.
Verwendung in der Küche: Aus dem Fruchtfleisch stellt man Suppen, Soßen und Hagebuttenmark, -mus, -marmeladen und Hagebuttenwein her.
Heilwirkung und Anwendung: Hagebuttentee ist ein ausgesprochener Vitaminstoß, denn die Früchte enthalten besonders viel Vitamin C (5mal soviel wie Zitrone), ferner das Provitamin A (die rote Farbe der Früchte), dann die Vitamine B und P. Vitamin C steigert die Abwehrkräfte des Körpers. Deshalb wirkt Hagebuttentee vorbeugend gegen Erkältungskrankheiten, außerdem hilft er bei schlecht heilenden Wunden und Zahnfleischbluten. Er ist schwach harntreibend und fördert die Verdauung.
Teezubereitung: 2 TL zerstoßene frische Hagebutten oder 1 TL der getrockneten Schalen überbrüht man mit 1 Tasse kochendem Wasser und läßt 10 Minuten ziehen. Mit Honig gesüßt oder mit 1 TL Zitronensaft »gewürzt« ist dieser Tee zum Abendessen schwarzem Tee vorzuziehen.
Tee aus Kernen: Hier nimmt man 2 EL Hagebuttenkerne und kocht sie 5 Minuten mit 2 Tassen Wasser auf schwachem Feuer aus.
Samengewinnung: (siehe Ernte) Das Heranziehen eines Rosenbusches aus Kernen lohnt sich nicht. Man kauft am besten Pflanzen, die kräftig rote Hagebutten ausbilden. Hier einige Sorten, die neben der Rosa canina den Haushalt mit Hagebutten versorgen können: Rosa multiflora (kleine Hagebutten), Rosa nitida, Rosa pendulina Bourgogne (große, längliche Hagebutten), Rosa rugosa (besonders große Hagebutten). Rosa sweginzowii und Rosa virginiana.

(Abbildung der Hagebutten der Heckenrose Rosa canina siehe Seite 29 unten.)

Heidekraut
(auch Besen- und Brandheide, Erika oder Rote Heide genannt)

Calluna vulgaris
(Familie: Ericaceae)

Herkunft und Beschreibung: Weitverbreitet in Europa, bedeckt das Heidekraut in Nordwestdeutschland große Flächen. Es ist vor allem in moorigen Gegenden wie auch in lichten, trockenen Wäldern, in Hochmooren, in der nach ihr benannten Heide und auf Dünensand zu finden.
Heidekraut ist ein immergrüner, ausdauernder und sehr alt werdender Halbstrauch, mit wurzelschlagenden Ästen, die dicht mit nadelförmigen, kleinen und ungestielten Blättchen bewachsen sind. Die zahlreichen Enden der aufgerichteten Sprosse tragen Trauben rosaroter bis rötlich-violetter, manchmal auch weißer Blütchen. Die Blüten haben einen honigartigen Geruch und werden von Bienen gern besucht.
In der Blütezeit der Erika von Juli bis Oktober ist die Heide wie mit einem purpurnen Teppich bedeckt.
Standort: Heidekraut bevorzugt einen kalkarmen, sauren Boden.
Anbau: Man mischt die Gartenerde vor der Pflanzung mit Torfkompost oder frischem Naturtorf, den man gut mit dem Oberboden vermischt und mit Alginure-Torfbenetzungsmittel gründlich durchfeuchtet.
Pflege: Man kann direkt nach der Blüte einen Rückschnitt vornehmen, bei dem die Blüten entfernt werden.
Ernte: Die Blütezeit im Spätsommer ist gleichzeitig Erntezeit. Es werden entweder das ganze Kraut oder nur die Einzelblüten, die man von den Zweigen rebelt, gesammelt und im Schatten getrocknet.
Heilwirkung und Anwendung: Wegen seiner harntreibenden Wirkung wird Heidekraut bei Blasen- und Nierensteinen, aber auch zur Blutreinigung, bei Gicht und Rheuma und für Umschläge und Waschungen verwendet.
Die Hauptbestandteile der Droge sind Fla-

Heidekraut, eine früh blühende Bienenweide

vonglykoside und Gerbstoff. Die meisten Herztonika enthalten Flavone, weil sie die Herztätigkeit und den Blutkreislauf fördern.
Teezubereitung: 1–2 TL getrocknetes Heidekraut oder 1 TL getrocknete Blüten werden mit $1/4$ l kochendem Wasser übergossen, 10 Minuten lang ausgezogen, abgeseiht und schluckweise, lauwarm, 2–3 Tassen pro Tag, getrunken.
Süßt man Heidekrauttee mit Honig, wird das Einschlafen gefördert. Um Magenbeschwerden zu vermeiden, halte man sich an diese Mengenangaben.
Vermehrung: Man vermehrt Heidekraut durch Stecklinge oder bewurzelt Seitentriebe.
Pflanzenförderung: Heidekraut lockt Bienen zu einer Zeit an, in der es für die Bienen nicht viel Nahrung gibt.
Der Blütenreigen beginnt mitten im Winter mit den Blüten der Schneeheide.

Holunder

(auch Flieder, Fliederblüten, Holder, Schwarz-
holder, Schwarzer Holunder oder Teller-
holunder genannt)

Sambucus nigra
(Familie: Caprifoliaceae)

Herkunft und Beschreibung: Der Holunderstrauch oder -baum ist kein Baum wie jeder andere. Unsere Vorfahren betrachteten
die in Europa und Asien verbreitete Pflanze,
die wir überall in unseren Wäldern, Fried-
höfen, Ruinen und am Gartenzaun finden,
mit größter Verehrung. Sie glaubten sogar,
Holunder besäße magische Kräfte.

Er erreicht als Strauch oder Baum eine Höhe
von 4–10 m. Der Stamm hat ästige Zweige,
die mit schwammigem Holundermark gefüllt sind. Die Blätter sind unpaarig gefiedert.
An der Spitze der Stengel wachsen zusammengesetzte Trugdolden mit elfenbeinfar-
benen, schirmartigen Blüten. Zur Zeit der
Fruchtbildung verwandeln sie sich in grüne
Beerenfrüchte, die sich zunächst violett, bei
völliger Fruchtreife aber blauschwarz färben.

Standort: Holunder ist sehr anspruchslos
und gedeiht in Sonne und Schatten. Der Boden sollte humos, durchlässig und feucht sein.

Anbau: Die Pflanzzeit für Holunder reicht
von Oktober bis März, soweit der Pflanztag
frostfrei ist. Die Wurzeln werden in feuchtem
Torf eingebettet und fest in den Boden gedrückt. Holunder braucht viel Platz zum
Wachsen. Die Vermehrung kann durch
Stecklinge oder Wurzelabriß erfolgen.

Pflege: Den Wurzelbereich kann man mit
Gartenkompost oder gut verrottetem Pfer-
demist düngen oder mulchen. Holunder ist
sehr wuchsfreudig. Bei trockenem Wetter
sollte man Holunder gießen. Altes Holz muß
herausgeschnitten werden. Zur Verjüngung
kann man Holunder bis 20 cm über dem Boden zurückschneiden.

Ernte: Geerntet werden hauptsächlich die
Blüten (je nach Klima im Juni oder Juli) und
die Früchte, die ganz schwarz sein müssen.
Blätter, Wurzeln und in geringem Maße auch
unreife Früchte enthalten ein Blausäure ab-
spaltendes Glykosid. Die Blüten werden morgens gepflückt, und zwar die Blütenstände
als Ganzes. Man kann sie gebündelt an

Holunderblüten

Holunderbeeren, unten Brennesseln

Schnüren im Schatten trocknen oder auch ausgebreitet auf einem Tuch. Die getrockneten Blüten streift man ab und füllt sie in ein Glas, das man gut verschließt.

Die Früchte streift man nach der Ernte von den Blütenständen ab und kocht sie zu Saft ein.

Verwendung in der Küche: Aus den reifen Beeren wird Kompott, Mus oder Saft gemacht, oder auch, mit Äpfeln und Birnen gemischt, eine Holunderbeersuppe mit Grießklößchen als Einlage.

Heilwirkung und Anwendung: Bei Grippe und fieberhaften Erkältungskrankheiten ist Holunderblütentee ein altbekanntes und sehr wirksames schweißtreibendes Mittel. Holunderblüten wirken auch harntreibend, abführend und blutreinigend. Daher finden sie bei Blasen- und Nierenleiden, Gicht und Rheuma Anwendung, ferner für Kräuterkissen, Bäder sowie als Gurgelmittel bei Erkrankungen des Rachens und des Mundes. Wenig bekannt ist, daß Holunderblütentee – im Sommer auch kalt getrunken – munter macht.

Teezubereitung: Der Tee der Holunderblüten wird auch Fliedertee genannt, obwohl der Holunder mit Flieder nichts zu tun hat.

Auf ¼ l Wasser nimmt man 1 EL frische oder getrocknete Blüten, überbrüht mit sprudelnd kochendem Wasser und läßt 5 Minuten zugedeckt ziehen. Der Tee kann mehrmals täglich heiß – mit Honig gesüßt – getrunken werden.

Vermehrung: siehe Anbau

Pflanzenförderung: Schwarzer Holunder ist eine ausgezeichnete Bienenweide.

Man sollte in einem Biogarten unbedingt einen Holunderstrauch haben, denn er ist nicht nur heilkräftig, er wehrt auch Maulwürfe und Wühlmäuse ab.

Erdflöhe vertreibt man, indem man Holunderblätter oder Triebspitzen als Mulchmaterial auf dem Boden ausbreitet.

Der Auszug aus Holunderblättern wirkt vorbeugend und bei Befall gegen Erdraupen, Erdflöhe und Kohlweißlinge.

Dazu werden 1 kg frische Holunderblätter mit 10 l Wasser ausgezogen und 5fach verdünnt gespritzt.

Immergrün
(auch Sinn- oder Wintergrün genannt)

Vinca minor
(Familie: Apocynaceae)

Herkunft und Beschreibung: Immergrün wächst bei uns gern unter Buchen. Im Garten hat es sich als Bodendecker bewährt.

Aus dem kriechenden Wurzelstock entwickeln sich liegende Triebe, die mehrere Meter lang werden und sich an den Knoten bewurzeln. Die gegenständigen, glänzend ledrigen Blätter bleiben über Winter dunkelgrün und haben dem Hundsgiftgewächs seinen Namen gegeben.

Im Spätsommer und Herbst wird die tiefgrüne Bodenbedeckung durch zartblaue Blüten aufgelockert.

Standort: Halbschatten und Schatten

Anbau: Entweder besorgt man sich von Nachbarn einige bewurzelte Triebe oder kauft wenige Pflanzen. Die bewurzelungsfreudigen Halbsträucher lassen sich immer weiter vermehren, ist der Boden nur locker und humos.

Das anspruchslose, heilkräftige Immergrün ist auch ein guter Bodendecker.

Pflege: Immergrün bedarf keiner besonderen Pflege, es sorgt selbst durch Bodenbedeckung für rasche Bodengare.

Über die gewünschte Flächenbedeckung hinauskriechende Triebe müssen zurückgeschnitten werden.

Ernte: Die frischen Triebe lassen sich während der ganzen Vegetationsperiode pflücken. Will man Immergrün für den Winter trocknen, schneidet man frischgrüne Triebe, wenn die Blütezeit beginnt. Wurzeln können mitgesammelt werden. Diese muß man vor dem Trocknen gründlich reinigen, indem man zunächst die Erde abschüttelt und die Wurzeln anschließend kurz in Biosmonwasser wäscht.

Pflanzen und Wurzeln werden im Schatten aufgehängt und getrocknet.

Verwendung in der Küche: Von den zarten Blättern der jungen Triebe können einige kleingehackt unter Salate gemischt werden.

Heilwirkung und Anwendung: Immergrün wirkt blutstillend und -reinigend. Tee von Immergrün zusammen mit anderen Kräutern wird gern gegen Angstzustände, nervöse Unruhe mit Schlafstörungen und Aggressivität getrunken.

Neuere Untersuchungen führten zur Entdeckung von Wirkstoffen bei Immergrün, die bluthochdrucksenkend sind und Durchblutungs- und Stoffwechselstörungen im Gehirn, am Auge und im Innenohr günstig beeinflussen. Die isolierten Wirkstoffe sind in den entsprechenden Medikamenten enthalten.

Teezubereitung: Immergrün, Melisse, Apfelschalen und Weißdornblüten, frisch oder getrocknet, mischt man zu gleichen Teilen. 2 TL dieser Mischung überbrüht man mit ¼ l Wasser, läßt 10 Minuten ziehen, seiht ab und trinkt den Tee ½ Stunde vor dem Schlafengehen.

Nebenwirkungen: Diese geringen Mengen Immergrün üben einen günstigen Einfluß auf den Organismus aus. Überdosierung kann zu Erbrechen, Herzklopfen, Schwindel und Hautjucken führen. Schwangere dürfen Immergrün nicht zu sich nehmen.

Vermehrung: siehe Anbau

Lavendel

(auch Lavendelkraut, Lavengel, Narden, Spikanard oder Zöpfliblüten genannt)

Lavandula angustifolia (Familie: Labiatae)

Herkunft und Beschreibung: Lavendel ist im westlichen Mittelmeergebiet, vor allem aber in Südfrankreich beheimatet. Er wird dort in Gärten und auf dem Lande feldmäßig angepflanzt und ist heute auch bei uns eine beliebte Garten- und Zierpflanze.

Der bis 50 cm hohe Halbstrauch hat aufrechte, stark verzweigte Äste mit schmal lanzettlichen Blättern. Die ährenförmig angeordneten Scheinquirle blühen im Juli und August. Die einzelnen Blüten sind röhrenförmig, von stahl- bis violettblauer Farbe und duften sehr angenehm würzig und erfrischend. Die Früchte sind Hartfrüchte.

Standort: Lavendel liebt einen sonnigen Standort und trockene, kalkhaltige Böden.

Anbau: Lavendel wird durch Stecklinge vermehrt (Stecklingsvermehrung siehe Rosmarin, Seite 62). Das Ziehen von Lavendel aus Samen ist langwierig. Im Handel sind außerdem Jungpflanzen zu haben.

Pflege: Lavendel sollte man im Winter im Garten mit Reisig abdecken, denn die Pflanze ist nur bedingt frosthart.

Ernte: Für Heilzwecke erntet man die Blütentriebe, von denen die Blüten nach dem Trocknen abgerebelt werden.

Verwendung in der Küche: Frische Lavendelblüten werden in kleinen Mengen und mit anderen Gewürzen zusammen Suppen, Soßen und Fischgerichten beigefügt.

Heilwirkung und Anwendung: Äußerlich findet Lavendel Verwendung für Bäder, Waschungen und in Kräuterkissen. Die Lavendelblüten wirken krampflösend, harntreibend, gallenabflußfördernd und auch nervenberuhigend.

Der Duft von Eau de Cologne wird von Lavendel hervorgerufen.

Teezubereitung: Für einen Beruhigungs- und Schlaftee brüht man 2 TL des frischen oder getrockneten Krautes mit Blüten mit

¼ l Wasser auf und trinkt den Tee gesüßt mit Honig. Soll der Tee krampflösend wirken, wird ungesüßt getrunken. Für ein Lavendelbad werden 50 g Lavendelkraut mit Blüten, frisch oder getrocknet, mit 1 l Wasser heiß übergossen, nach dem Ziehen abgeseiht und dem Badewasser beigegeben. Rheumatische Beschwerden werden so gelindert.

Vor allem aber gehören überbeanspruchte Nerven und die sogenannte vegetative Dystonie zu den hauptsächlichsten Anwendungsgebieten für Lavendel. Die äußerliche Therapie mit Bädern wird sogar dem Teetrinken vorgezogen.

Samengewinnung: siehe Anbau

Pflanzenförderung: Lavendel sollte dort gepflanzt werden, wo Ameisen störende Nester bauen, beispielsweise am Rand von Gemüsebeeten und Staudenrabatten. Lavendel neben Rosen und Margeriten gesetzt, hält vor allem Blut- und Blattläuse von diesen Zierpflanzen ab.

Lavendelstauden sind neben Rosen nicht nur nützlich, sondern auch schön anzusehen. Mit Hornmist und im Sommer zwei- bis dreimal mit Hornkiesel behandelt, blühen sie auch noch im Herbst.

Löwenzahn

(auch Apostelkraut, Augenmilchkraut, Butterblume, Kuhblume, Maistaude, Milchblume, »pissenlit«, Pusteblume oder Wilde Zichorie genannt)

Taraxacum officinale
(Familie: Compositae)

Herkunft und Beschreibung: Der Löwenzahn zählt zu den am weitesten verbreiteten Wiesenpflanzen. Er wächst auf Feldrändern, auf Viehweiden, in Straßengräben, auf Böschungen, Schuttplätzen und in Gärten in ganz Europa sowie in Nordamerika. Im 11. Jahrhundert wird Löwenzahn von dem berühmten arabischen Arzt Avicenna als Heilpflanze erwähnt. Bei uns war es Pfarrer Sebastian Kneipp, der den Löwenzahn als Heilpflanze empfahl, besonders bei Leberleiden. Der Name Löwenzahn bezieht sich auf die spitzen Zähne der lanzettlichen Blätter, die tief eingeschnitten sind. Der Löwenzahn hat eine lange Pfahlwurzel, die immer wieder die Kraft aufbringt, die ganze Pflanze zu erneuern, auch wenn ihre oberirdischen Teile herausgestochen oder gemäht wurden.

Auf einem langen, glatten 15–20 cm hohen Röhrenstiel, der einen milchigen Saft enthält, der für Kinder unverträglich ist, erhebt sich aus der Mitte der Blattrosette eine goldgelbe Korbblüte.

Das Blütenköpfchen öffnet sich der Frühlingssonne wie ein Abbild der Sonne und schließt sich am Abend, bei einem wolkenverhangenen Regentag auch am Tag.

Dieser sonnenhafte Blütenstand wandelt sich nach wenigen Blütentagen zum herrlichsten Fruchtstand, zu einer ganzen Sternenwelt. Die Kinder haben dann ihre geliebten »Pusteblumen«, deren Fruchtschirmchen sie in die Weite pusten. Die Blütezeit des Löwenzahns reicht von April bis Oktober.

Standort: Als äußerst bescheidene und anpassungsfähige Pflanze wächst der Löwenzahn praktisch auf jedem Boden.

Anbau: Ideal für die Löwenzahnkultur ist ein humoser Boden mit guter Wasserdurchlässigkeit. Vor der Aussaat im März oder April

Löwenzahn auf einer Gartenwiese im Frühling

sollte nährstoffreicher Kompost gestreut werden. Ausgesät wird in Reihen mit einem Abstand von ungefähr 60 cm.

Pflege: Im Herbst wird angehäufelt. Man deckt die Pflanzen ungefähr 20 cm hoch mit Erde ab.

Ernte: Gesammelt werden die Wurzeln und das Kraut. Die langen Wurzeln holt man im Frühjahr (März und April) mit einem Wurzelstecher aus dem Boden, wäscht sie gründlich, teilt sie längs und hängt sie zum Trocknen auf. Das Kraut wird vor dem Erblühen der Pflanze gesammelt. Blätter und Blüten sind die Bestandteile von blutreinigenden Frühlingskuren und Rohkostsalaten.

Verwendung in der Küche: Löwenzahn ist eine hochwertige Gemüsepflanze. In Frankreich und Italien wird er als Salat auf dem Markt angeboten und ist dort besonders beliebt. Man sollte im Frühling nur die glatten, jungen, zarten Blätter für Salat oder – mit anderen Kräutern gemischt – für die sogenannte »Grüne Soße« verwenden. In einigen Gegenden nennt man den Löwenzahnsalat auch »Maistaudensalat«. Hier werden die noch ganz jungen, gelblichen Blätter fein aufgeschnitten und kurzfristig zum Entbittern in lauwarmes Wasser gelegt. Die jungen, frischen Blätter haben einen hohen Gehalt an Vitamin C und Mineralstoffen. Geröstet dient die Wurzel als Kaffee-Ersatz, daher der Name Wilde Zichorie.

Heilwirkung und Anwendung: Der Löwenzahn wirkt blutreinigend, harn- und schweißtreibend, er regt die Magensaftsekretion, Leber, Nieren und die Bauchspeicheldrüse an. Zahlreiche volkstümliche Namen wie zum Beispiel das französische Wort »pissenlit« beziehen sich auf seine stark harntreibende Wirkung, die vor allem auf die Ausscheidung der Nieren zurückzuführen ist. Die vermehrte Ausscheidung und Entwässerung ist aber gerade ein Haupteffekt jeder Frühjahrskur. Bei Gicht und rheumatischen Beschwerden entschlackt Löwenzahn. Die heilsamen Einflüsse auf das Leber-Galle-System werden durch vermehrte Darmtätigkeit verursacht. Der Bitterstoffgehalt ist im Frühling im Blatt sowie im Juli und August in der Wurzel am höchsten. Er trägt zur Anregung von Galle und Magen bei. Das »Augenmilchkraut« wird zur Behandlung von Augenleiden verwendet (taraxis = Augenentzündung), indem man Augenbäder oder Umschläge mit kühlem Löwenzahntee macht.

Teezubereitung: Zur Entgiftung und Beseitigung von Nierengries und Harnleitersteinen trinkt man jeden Morgen 1 ganzen Liter Löwenzahnauszug, zubereitet aus getrockneten Wurzeln und Kraut. Zum Ansetzen des Auszuges werden 2 TL der getrockneten Wurzelstücke und des Krauts mit 2 Gläsern Wasser kalt angesetzt und 8 Stunden lang ausgezogen. Den abgeseihten Auszug verdünnt man mit ¾ l abgekochtem, jedoch nur noch warmem Wasser. Der Kaltauszug hat einen stärkeren Bittergeschmack als der warme Löwenzahntee.

Der warme Tee wird wie folgt zubereitet: Man nimmt 1 TL der Droge auf 1 Tasse Wasser, überbrüht oder kocht ganz kurz auf und läßt den Tee vor dem Abseihen noch 10 Minuten zugedeckt stehen. Morgens und mittags trinkt man davon je 1 Tasse.

Löwenzahn ist, in therapeutischen Dosen angewendet, frei von schädlichen Nebenwirkungen. Auch der Frischpflanzen-Löwenzahnpreßsaft, der aus der ganzen Pflanze gewonnen wird und in Apotheken, Drogerien und Reformhäusern zu kaufen ist, hat sich für eine Frühjahrskur von 4–8 Wochen bewährt.

Samengewinnung: Den Löwenzahnsamen kann man kaufen, aber im eigenen Garten oder auf umliegenden Wiesen liefern uns die Pusteblumen genügend Samen.

Pflanzenförderung: Um das Wachstum von Kulturpflanzen zu fördern, bereitet man eine Jauche aus 1 kg frischem Löwenzahnkraut oder 200 g getrocknetem Löwenzahn und 10 l Wasser. Man gießt die unverdünnte Jauche als guten Dünger.

Ringelblume

(auch Calendula, Fallblume, Gartenbutterblume, Goldblume, Ringelrose oder Totenblume genannt)

Calendula officinalis (Familie: Compositae)

Herkunft und Beschreibung: Die Ringelblume, eine uralte Heilpflanze, die aus Südeuropa und Asien stammt, ist eine typische Bauerngartenblume, die heute wegen ihrer leuchtendgelben oder orangefarbenen Blüten als Zier- und auch als Heilpflanze in unseren Gärten wächst.

Die Pflanze ist ein einjähriges Kraut und wird etwa 30–50 cm hoch. Der aufrechte Stengel ist verästelt mit wechselständigen fleischigen Blättern, die, wie die ganze Pflanze, fein behaart sind. Die Blütenköpfe, deren Zungenblüten allein Frucht tragen, während die Scheibenblüten unfruchtbar sind, verblühen rasch. Die Blütezeit reicht vom Sommer bis in den Spätherbst hinein. Der Geruch der ganzen Pflanze ist herb würzig.

Standort: Die Ringelblume beansprucht keinen besonderen Gartenboden, sie gedeiht auf jedem nicht zu trockenen, sonnigen oder halbschattigen Platz.

Anbau: Die Aussaat erfolgt ab März unter Glas. Im Mai kann man die Pflänzchen in Reihenabständen von 20 cm verpflanzen.

Pflege: Die Ringelblume benötigt keine besondere Pflege, sie gedeiht üppig. Überzählige Pflanzen geben ein ausgezeichnetes Mulchmaterial ab. Wächst sie zu dicht, kann sie von Blattläusen und Mehltau befallen werden.

Ernte: Die Blüten werden morgens bei trockenem Wetter gesammelt. Ein Nachtrocknen erfolgt an schattigen und gut durchlüfteten Plätzen.

Verwendung in der Küche: Zum Würzen von Salaten nimmt man die zerpflückten Blüten und die gehackten, ganz jungen Blätter.

Heilwirkung und Anwendung: Ringelblumentee wirkt schweiß- und harntreibend, krampfstillend und abführend.

Äußerlich gebraucht man Ringelblumen für Umschläge oder in Form von Salben bei Geschwüren, eiternden Wunden und Hautausschlägen.

Teezubereitung: Für Umschläge und für Waschungen bereitet man einen Aufguß aus 1–2 TL getrockneten Ringelblumenblüten, die man mit ¼ l kochendem Wasser übergießt, 10 Minuten zugedeckt ziehen läßt und abseiht. Mit dieser Flüssigkeit macht man mehrmals am Tag lauwarme Umschläge. Diesen Tee kann man auch bei Gallenbeschwerden trinken.

Bekannt ist auch die Ringelblumensalbe, auch »Ringelrosenbutter« genannt, gegen Gelenk- und Muskelschmerzen, bei Bauchweh und zum schnellen Heilen von Wunden (Zubereitung siehe Seite 26).

Nebenwirkungen: Heute sind manche Menschen gegen Calendula allergisch. Die Empfindlichkeit läßt sich verhältnismäßig leicht feststellen, wenn man abends auf eine Hautpartie Ringelblumensalbe aufträgt. Zeigen sich morgens Hautrötung oder gar kleine Pickel, sollte jede Verwendung von Ringelblumen unterbleiben.

Samengewinnung: Die Ringelblume sät sich immer wieder von allein aus. Leichter Winterschutz garantiert gutes und frühes Keimen der Samen. Die Samen trocknen auf dem Blütenboden. Man kann sie leicht absammeln.

Pflanzenförderung: Ringelblumen fördern das Wachstum von Kartoffeln, Erbsen, Gurken, Kohl, Tomaten, Erdbeeren und Himbeeren. Sie werden überall dort zwischengesät, wo Nematoden im Boden überhandnehmen und Pilzkrankheiten drohen. Auf Baumscheiben halten sie Pilzerkrankungen von Obstbäumen fern.

Die anspruchslose Ringelblume verschönert mit ihren einfachen und gefüllten Korbblüten in vielfältigen Gelb- und Orangetönen den Garten während der ganzen Vegetationszeit.

Sanddorn

(auch Audorn, Dünendorn, Haffdorn, Korallenbeere, Rotschlehe, Sandbeere oder Seedorn genannt)

Hippophae rhamnoides
(Familie: Elaeagnaceae)

Herkunft und Beschreibung: Weil seine korallroten Beeren an den dornenreichen, sparrigen Ästen nicht nur gesund, sondern auch ein blickfangender Schmuck sind, wird Sanddorn in Naturgärten immer beliebter. Wegen seiner bodenbefestigenden Wurzelausläufer pflanzt man den langsam wachsenden Strauch gern auf Böschungen von Autobahnen und Straßen an.

Sanddorn ist zweihäusig. Um Früchte ernten zu können, muß man deshalb zumindest einen weiblichen und einen männlichen Strauch anpflanzen.

Sanddorn wächst naturgemäß in Meeresnähe. Dort kann der Kochsalzgehalt des Bodenwassers bis zu 10% über normal liegen. Sanddorn hat als Salzpflanze spezielle Drüsen, die

Sanddorn mit Früchten im Herbst

zu hohe Salzkonzentrationen in der Pflanze wieder ausscheiden. Aus diesem Grund wird Sanddorn in den letzten Jahren auch gern an Straßen angepflanzt, die im Winter Salzstreuung erhalten. Andere Pflanzen würden bei derart hohen Salzkonzentrationen nämlich eingehen.

Standort: Aus seinem gebräuchlichsten deutschen Namen, aber auch den übrigen in den verschiedenen Gegenden üblichen Namen dieses Ölweidengewächses läßt sich sein Standort bereits erraten. Sanddorn liebt sandigen Boden an den Küsten oder auch an den Flüssen der Auen von Vorgebirgslandschaften bis hinauf in 1800 m Höhe. Außerdem bevorzugt der kriechende Ausläufer treibende Strauch, der gelegentlich auch als Baum anzutreffen ist und 3–6 m hoch werden kann, kalkhaltige Böden.

Anbau: Man pflanzt die Sträucher, die sich aus Absenkern und Ausläufern heranziehen lassen, bevorzugt im Frühjahr, weil dieser Tiefwurzler Wasser braucht, das er nur finden kann, wenn seine Haarwurzeln möglichst rasch in den Boden eindringen. Der Pflanzerde wird reichlich Sand beigemischt, der Untergrund tief gelockert.

Pflege: Nach einmaligem gründlichen Angießen sollte der Strauch möglichst nicht mehr mit Wasser verwöhnt werden. Ein Schnitt ist nicht erforderlich, höchstens gelegentlich sparsam im Herbst für Vasenschmuck von bereits ausgewachsenen Sträuchern.

Ernte: Die Fruchtreife tritt im September oder Oktober ein. Doch ist die Ernte wegen der langen Dornen nur dann bequem, wenn man die Äste auf erreichbare Höhe herunterbindet, ein Tuch unterlegt und die Beeren dann mit einer Schere abschneidet und auf das Tuch fallen läßt.

Verwendung in der Küche: Aus den reifen Beeren läßt sich ein schmackhafter und vitaminreicher Saft machen. Aber auch Marmelade kann aus Sanddorn hergestellt werden. Will man Sanddorn schonend haltbar machen, preßt man zur Saftgewinnung die Beeren aus oder zerquetscht sie. Den Saft oder Brei bringt man langsam zum Sieden und läßt ihn höchstens 5 Minuten bei mäßi-

Links männliche Sanddornblüte, rechts weibliche

ger Hitze und unter ständigem Rühren kochen. Anschließend wird auf 30°C abgekühlt, Honig (Menge je nach erwünschter Süße) dazugegeben und dann eine Stunde lang in wechselnder Richtung gerührt. Noch schonender ist die Zubereitung, wenn man Sanddorn gar nicht kocht, sondern nur mit Honig (halb und halb) in der angegebenen Weise rührt.

Die Haltbarkeit ist am größten, wenn man an Fruchttagen (nach dem Aussaatkalender von Maria Thun) erntet und die Früchte am selben Tag verarbeitet.

Heilwirkung und Anwendung: Der Reichtum der reifen Beeren an Vitamin C, aber auch an Vitaminen der B-Gruppe, Vitamin E, F, P und dem Provitamin A machen Sanddornsaft, -mus und -marmelade nicht nur zu erfrischenden Genüssen, sondern auch zu Mitteln, die Erkältungen vorbeugen, ihre Dauer verkürzen und bei fieberhaften Erkrankungen stärken und lindern, zumal Begleiterscheinungen wie Appetitlosigkeit und Zerschlagenheit durch Sanddorn rascher behoben werden.

Am besten gibt man Sanddornsaft mehrmals täglich teelöffelweise oder mit Mineralwasser verrührt als Getränk.

Vermehrung: siehe Anbau

Schachtelhalm

(auch Ackerschachtelhalm, Katzenschwanz, Pferdeschwanz, Schaftheu, Scheuer- oder Zinnkraut genannt)

Equisetum arvense
(Familie: Equisetaceae)

Herkunft und Beschreibung: Schachtelhalm finden wir bei uns auf Äckern, Wiesen, Dämmen und an Wegen.

Im Frühjahr treibt der Schachtelhalm aus einem Wurzelstock hellbraune oder rötliche, unverzweigte Sprosse.

Die Sommertriebe, die sich erst später entwickeln, haben die Form kleiner Tannenbäume. Sie sind 30–60 cm hoch. Der Stengel ist graugrün, knotig gegliedert und trägt in Abständen von 2–3 cm ringförmige Blattscheiden mit vielen spitzen Zähnen und in Quirlen angeordnete Seitenäste. Diese grünen Triebe sind getrocknet die Droge »Herba Equiseti«.

Standort: Besonders auf feuchtem, schwerem Ton und lehmigem Sandboden ist der Ackerschachtelhalm anzutreffen.

Anbau: Wo sich Schachtelhalm im Garten einfindet, läßt man ihn wachsen, damit er für Jauchen und Tees zur Verfügung steht.

Pflege: ist nicht erforderlich.

Ernte: Wenn die Triebe im Frühsommer frisch und sattgrün sind, sollte man die unfruchtbaren Sommerwedel kurz über dem Erdboden abschneiden und in Bündeln aufgehängt an einem luftigen Ort gut trocknen.

Heilwirkung und Anwendung: Schachtelhalm gehört zu den Kieselsäuredrogen, daher seine wohltuende Wirkung auf die Festigung des Binde- und Lungengewebes. Vom Wirkstoff Saponin und den Flavonen geht eine starke diuretische Wirkung aus. Deshalb ist der Schachtelhalm Bestandteil vieler Blasen- und Nierentees. Er kann bei Rheuma und Gicht Besserung bewirken.

Äußerlich wird Schachtelhalm für Bäder, die den Stoffwechsel der Haut anregen, gegen Durchblutungsstörungen, offene Beine, Ekzeme und Geschwüre gebraucht. Die Kieselsäure stärkt und kräftigt die menschlichen und pflanzlichen Zellstrukturen.

Schachtelhalm: links Sporentriebe, rechts unfruchtbarer grüner Trieb

Ganz ausgezeichnet hilft ein Sitzbad, bei dem das Schachtelhalmtee-Wasser die Nieren gut bedeckt, bei Nierenbeckenentzündung.

Teezubereitung: 2 gehäufte TL Schachtelhalmdroge werden mit ¼ l kochendem Wasser übergossen und nach 15 Minuten abgeseiht. Man trinkt täglich 2–3 Tassen.

Für Bäder werden 100 g Schachtelhalm mit 5 l kochendem Wasser übergossen und das ganze 1 Stunde ziehen gelassen und anschließend abgeseiht. Für ein Fußbad, dessen Wasser die Waden bedecken soll, braucht man 25 g Droge auf 1 l Wasser.

Pflanzenförderung: Ackerschachtelhalm ist verjaucht hervorragend zur Bekämpfung von Pilzkrankheiten bei Pflanzen geeignet. Zur Jaucheherstellung sammelt man die Sommerwedel und kocht sie 20 Minuten bei mäßiger Hitze, anschließend verdünnt man 5fach, läßt das Ganze zu Jauche vergären, verdünnt nochmals 5fach und sprüht das Endprodukt das ganze Jahr alle 3 Wochen an 3 aufeinanderfolgenden Tagen nachmittags. Der hohe Siliciumgehalt des Schachtelhalms hat als Teespritzung, Jauche oder Brühe im biologischen und biologisch-dynamisch betreuten Garten einen unschätzbaren Wert.

Sie sind pflanzenstärkend, bodenheilend, wachstumsfördernd und gegen Pilze.

Maria Thun empfiehlt, neben öfterem Hakken des Bodens gegen Abend Schachtelhalmtee auf Pflanzen und Boden zu versprühen. Man nimmt 100 g frischen Schachtelhalm auf 10 l Wasser, kocht das Ganze 20 Minuten und sprüht unverdünnt.

Bei Stachelbeermehltau fügt man noch Rainfarn- und Brennesseljauche hinzu. Schachtelhalmjauche ist gegen Schädlinge, beispielsweise Apfelwickler, Kirschenfruchtfliege, Lauchmotten und Spinnmilben wirksam. Ackerschachtelhalmbrühe, 3fach verdünnt, wirkt bei Rost, Grauschimmelfäule und Kohlhernie. Blatt- und Schildläuse und Blattrandkäfer werden ebenfalls mit Schachtelhalmbrühe oder -tee wirksam bekämpft.

Mit Schachtelhalmjauche rührt man auch einen Lehmbrei an, in den man Pflanzenwurzeln vor der Pflanzung taucht.

Die Jauche wird genauso hergestellt wie Beinwelljauche (siehe Seite 74). Man setzt 150 g getrocknetes oder 1 kg frisches Kraut mit 10 l Wasser an und verdünnt 5fach.

Die Brühe wird wie der Badezusatz zubereitet und 3fach verdünnt.

Schafgarbe

(auch Achillesgarbe, Feldgarbe, Gänsezungen, Grillenkraut, Judenkraut, Schafrippe oder Tausendblatt genannt)

Achillea millefolium
(Familie: Compositae)

Herkunft und Beschreibung: Schafgarbe wächst in Europa an Wegrändern, auf Wiesen, an Feldrainen, Bahndämmen und Abhängen überall wild. An einem kräftigen Stengel, der etwa 25–70 cm hoch wird, stehen wechselständig die dunkelgrünen, weich behaarten, 1- bis 3fachen Fiederblätter.

Tausendblatt (= mille folie) heißt die Schafgarbe auch im Volksmund, weil die Blätter so vielfach geteilt sind. Achillesgarbe nannten sie die antiken Helden, weil Achilles die Wunden seiner Soldaten damit geheilt haben soll. Der Name Schafgarbe erinnert an den Brauch, kranken Schafen mit dem Kraut bei Magen- und Darmbeschwerden eine Linderung zu verschaffen.

Die grauweißlichen bis rosafarbigen Blütenköpfchen, die von Mai bis Oktober blühen, sind in flachen Trugdolden vereinigt.

Standort: Die genügsame Schafgarbe stellt keine besonderen Ansprüche an den Boden, nur sehr feuchte Böden meidet sie. Im Vorfrühling gehört die Schafgarbe zu den ersten Pflanzen, die unter der wegtauenden Schneedecke erscheinen. Sie ist sehr widerstandsfähig gegen Kälte, aber auch gegen Hitze.

Anbau: Auf der Ökowiese siedelt sich Schafgarbe an sonnigen Standorten meist von selber an und ist dann auch kaum mehr auszurotten. Will man Schafgarbe säen, streut man die Samen im Frühjahr über den gut gelockerten Gartenboden, ohne ihn mit Erde abzudecken.

Pflege: Eine Pflege benötigt Schafgarbe nicht, sie ist ausgesprochen zäh und wächst schnell nach, auch wenn die Weidetiere, insbesondere die Schafe, sie gern abweiden. Sie verträgt sogar jede Art von Düngung.

Ernte: Man sammelt das ganze blühende Kraut von Juni bis September und hängt es gebündelt zum Trocknen auf.

Verwendung in der Küche: Man kann die zarten Blättchen der Schafgarbe im Frühling dem ersten Rohkostsalat zur Blutreinigung beigeben.

Blühende Schafgarbe

Heilwirkung und Anwendung: Die Schafgarbe besitzt mehrere Wirkstoffe, wie zum Beispiel Bitterstoff, Achillein, ätherisches Öl mit Azulen, Gerbstoffe, organische Säuren, verschiedene Mineralien, neben Kieselsäure besonders Kalium (48% in der Asche) und Schwefel. Sie wirkt stoffwechselanregend, appetitfördernd, magenkräftigend, blutbildend, krampflösend, gallensekretionsfördernd, adstringierend bei Hämorrhoidalblutungen und Störungen der Menstruation.

Äußerlich ist eine Schafgarbenabkochung zur Wundbehandlung und für Bäder geeignet.

Teezubereitung: 2 gehäufte TL getrocknetes Kraut werden mit 1/4 l kochendem Wasser übergossen. Man läßt den Tee 15 Minuten ziehen, seiht dann ab und trinkt ihn lauwarm. Für Sitz- und Vollbäder nimmt man 75 g getrocknete Schafgarbe und übergießt sie mit 1 l kochendem Wasser. Nach 20 Minuten gibt man den abgeseihten Aufguß dem Badewasser zu.

Nebenwirkungen: Einige Menschen reagieren auf Schafgarbe allergisch mit Hautausschlag.

Samengewinnung: Die Samen sind ungefähr 2 mm lang, länglich und schmal und keimen besonders gut bei Licht. Sie bleiben 2–3 Jahre keimfähig. Im Herbst kann man die Scheindolden der Schafgarbe abschneiden und über Papier ausschütteln.

Pflanzenförderung: Im biologisch-dynamischen Anbau wird die Schafgarbe für die Präparateherstellung gebraucht. Mit anderen Kompostpräparaten bewirkt das Präparat der Schafgarbe eine Belebung des Kompostes, sie fördert den Kalibildungsprozeß, stärkt die Pflanzen insgesamt und beugt Schädlingsbefall vor.

Schafgarbenspritzungen bewähren sich gegen Blattflecken- und Kräuselkrankheit, Echten Mehltau, Monilia und Wurzeltöterkrankheit.

Man bereitet einen Auszug von 1 kg frischer Pflanzen oder 100 g der Droge und 5 l Wasser. In 10facher Verdünnung wird an 3 aufeinanderfolgenden Tagen gespritzt, und das mehrmals im Abstand von 14 Tagen. Die Spritztage müssen frostfrei sein.

Spitzwegerich

(auch Aderkraut, Ballenblätter, Wegebreit, Wegetritt oder Wegetuch genannt)

Plantago lanceolata
(Familie: Plantaginaceae)

Herkunft und Beschreibung: In Europa finden wir überall an Wegrändern, auf Wiesen, Äckern und Ödland den wild wachsenden Spitzwegerich. Er kommt oft zusammen mit den zwei anderen Wegericharten vor, dem Breitblättrigen Wegerich (Plantago major) und dem Mittleren Wegerich (Plantago media).

Aus einem kurzen Wurzelstock wächst eine am Boden bleibende Rosette. Die Blätter des Spitzwegerichs sind schmal und spitz und gleichen einer Lanze von ungefähr 20–30 cm Länge. Auf der Unterseite sind stark hervorquellende Adern zu erkennen. Auch der blattlose Blütenschaft ist nicht glatt, sondern gefurcht, und die unscheinbaren Blüten tragen vier weit heraushängende Staubfäden, deren Staubbeutel gelb sind und nicht violett wie bei Breitwegerich.

Die Blütezeit währt von Mai bis September.

Standort: sonnige Blumenwiesen und Rasen

Anbau: Im Biogarten wird Wegerich nicht kultiviert. Man läßt ihn jedoch dort gewähren, wo er sich von selbst ansiedelt. Er ist ein Anzeiger für verdichteten Lehmboden.

Pflege: Eine Pflege ist nicht erforderlich. Spitzwegerich ist zäh und ausdauernd.

Ernte: Den ganzen Sommer über kann man die Spitzwegerichblätter ernten.

Für Tees trocknet man die Blätter auf dem Kuchenblech ausgebreitet möglichst schnell bei Temperaturen von 40–50°C im Backofen, da sie sich bei langsamem Trocknen schnell dunkel verfärben.

Verwendung in der Küche: In der Küche wird frischer Spitzwegerich dem Frühlingskräutersalat untergemischt.

Heilwirkung und Anwendung: Spitzwegerich ist seit alters her das Mittel gegen Erkrankungen der Atmungsorgane, bei fiebrigen Lungen- und Bronchialleiden, Husten- und Heiserkeit.

Außerdem wird ihm eine blutreinigende, krampflösende und magenstärkende Wirkung zugeschrieben. Auch bei Blasenleiden und Entzündungen des Darms hat er sich in der Volksheilkunde bewährt.

Äußerlich werden die vorher gewaschenen und zerquetschten frischen Blätter, die antibiotisch wirken, auf frische blutende oder schlecht heilende Wunden und Hautabschürfungen sowie bei Insektenstichen und Juckreiz aufgelegt. Zum Auflegen sind die breiten Blätter des Breitwegerich sogar noch besser geeignet. Das Brennen hört bei Hautabschürfungen sehr schnell auf.

Teezubereitung: 1 EL getrockneter Spitzwegerich wird mit 1–2 Tassen siedendem Wasser überbrüht. Nach dem Ziehenlassen und Süßen mit Honig wird er schluckweise getrunken. Bei Magen- und Darmstörungen trinkt man den Tee ohne Honig.

Wegericharten (von links nach rechts): Spitzwegerich, Mittlerer Wegerich, Breitwegerich

Walnuß
(auch Christ- oder Welschnuß genannt)

Juglans regia
(Familie: Juglandaceae)

Herkunft und Beschreibung: Der aus Vorderasien und vom Balkan stammende Walnußbaum gedeiht am besten in Weinbaugebieten oder entsprechend geschützten Lagen. Er hat eine ausladende Krone und kann bis zu 20 m hoch werden.

Seine Blätter sind unpaarig gefiedert und werden mit 40 cm Länge recht groß. Auf jedem Baum entwickeln sich getrennt männliche Kätzchen und weibliche Stempelblüten. Wegen ihrer fliegenabweisenden Wirkung stehen Walnußbäume oft vor Bauernhäusern und Viehställen, sofern solches Wissen noch überliefert ist.

Standort: Wegen ihrer Größe brauchen Walnußbäume viel Platz und gedeihen am besten an einem geschützten Standort.

Anbau: Es kommt vor, daß die Reife der Pollen und die Empfängnisbereitschaft der Narben bei Walnußbäumen nicht zur selben Zeit eintreten. Deshalb ist es wichtig, Sorten anzupflanzen, die selbstfruchtbar sind.

Empfehlenswerte veredelte Sorten sind: Nr. 26, Nr. 139 und Esterházy II. Sie tragen schon nach 4–7 Jahren und bleiben kleiner als aus Samen gezogene Bäume.

Walnußbäume gedeihen sowohl auf kalkreichen (pH 8,5) als auch auf sauren Böden (pH 5,5). Sie brauchen große Pflanzgruben: 120 x 120 cm/1 m tief. Gepflanzt wird im zeitigen Frühjahr.

Pflege: Walnußbäume verlangen im Frühjahr zusätzliche Wassergaben.

Den Nährstoffbedarf holen sich junge Bäume bis ungefähr zum 6.–8. Standjahr aus dem Boden. Ältere Bäume brauchen jedoch im zeitigen Frühjahr eine kräftige Düngung, am besten einen mit Steinmehl, Algenkalk, Holzasche und organischem Stickstoffdünger aufgesetzten Kompost, den man als Mulchkompost auf der durchwurzelten Fläche um jeden Baum (dreifacher Radius der Krone) ausstreut.

Ende Mai gießt man einmal mit 10fach verdünnter Brennesseljauche (Zubereitung siehe Seite 25).

Die meist mit Seitentrieben am Stamm gekauften Bäume (Heister) erhalten im August einen Schnitt, bei dem die flachwachsenden Seitentriebe auf die Hälfte eingekürzt werden. Erst nach einigen Jahren werden diese bis zum Stamm weggeschnitten.

Die Krone sollte 5 Leittriebe haben. Das Schneiden überzähliger Triebe und das spätere sparsame Auslichten geschieht jeweils im Spätsommer.

Ernte: Walnüsse sind erntereif, wenn die grünen Fruchtschalen aufplatzen. Man schüttelt die Bäume und sammelt die heruntergefallenen Nüsse auf.

Für medizinische Zwecke werden die Fruchtschalen genutzt. Sie werden an der Luft bei öfterem Wenden getrocknet, bis sie braun sind.

Im Juni erntet man auch junge Blätter, die bei warmem Wetter im Schatten getrocknet werden.

Heilwirkung und Anwendung: Die Blätter und grünen Fruchtschalen sind reich an Gerb-

Blühender Walnußzweig mit Kätzchen (a) und Stempelblüten (b)

säure und dem ätherischen Öl Juglon, das gegen Pilzkrankheiten wirksam ist.

Der Tee wird innerlich und äußerlich gegen Entzündungen der Magen- und Darmschleimhaut, bei Hautkrankheiten, Ekzemen, Akne, Augenentzündungen und Hämorrhoiden gegeben.

Zusätzlich macht man mit einer Mischung zu gleichen Teilen aus Walnuß- und Kamillentee Waschungen oder Bäder.

Aus den zerstoßenen grünen Schalen und Blättern werden Salben für die Behandlung von Hautgeschwüren hergestellt. Kleingeschnitten kann man die grünen Schalen aber auch mit den Walnußblättern für Tees verwenden.

Walnußkerne enthalten ungesättigte Fettsäuren, welche die Leberfunktion und dadurch indirekt die Gehirnfunktion stärken.

Teezubereitung: 2 TL geschnittene Blätter werden mit ¼ l kaltem Wasser angesetzt, zum Sieden gebracht und 5 Minuten am Siedepunkt gehalten. Man kann danach sofort abseihen und trinkt über den Tag verteilt 2–3 Tassen.

Vermehrung: siehe Anbau

Walnußzweig mit Nüssen

Weißdorn

(auch Mehlbeere, Hagedorn, Hecken- oder Mehlbeerdorn genannt)

Crataegus laevigata
Crataegus monogyna
(Familie: Rosaceae)

Herkunft und Beschreibung: Der Weißdorn ist ein in ganz Europa verbreiteter Heckenstrauch oder Baum. Er gehört heute zu den bedeutendsten Heilpflanzen in der Kräuterheilkunde.

Seine Hauptwirkung beruht in der Herzberuhigung und Gefäßerweiterung. Weißdorn war früher in Griechenland heilig; man hing Weißdornzweige an Fenster und Türen, um Krankheiten fernzuhalten.

Im Biogarten sind die Vögel dankbar, wenn Weißdorn angepflanzt wird, hält er doch Nahrung und Nistplätze für sie bereit.

Der im Mai und Juni üppig blühende Strauch mit seinen spitzen Dornen ist überall an Zäunen, in Hecken und an Feldrändern zu finden. Seine zahlreichen weißen Blüten sind in Blütenständen zu Doldenrispen vereinigt. Im Herbst schmückt er sich nochmals, und zwar mit leuchtendroten Früchten, die unter dünner Schale und mehligem Fruchtfleisch 2–3 Steinfrüchtchen mit je einem Samen bergen.

Standort: Der Weißdorn liebt eine sonnige bis halbschattige Lage.

Anbau: Gepflanzt wird er zwischen Oktober und März im Abstand von 40–50 cm als Hecke. Soll er frei wachsen, erhält er mehr Raum, denn ausgewachsen erreicht er einen Umfang von 3 m und eine Höhe von 5 m, als Baum bis zu 8 m.

Pflege: Weißdorn braucht keine besondere Pflege. Im Spätsommer sollte er einmal geschnitten oder wenigstens ausgelichtet werden.

Ernte: Gesammelt werden die Blüten, Blätter und Früchte.

Verwendung in der Küche: Bekannt und beliebt zur Stärkung des Herzens ist der Weißdornwein, den man sich selbst bereiten kann. Eine Handvoll reifer, roter Weißdornbeeren werden zerquetscht und einem halben Liter Südwein beigegeben. Man stellt die Flasche 8 Tage in die Sonne, filtert dann und trinkt zweimal täglich ein Likörglas von dem Herzwein.

Man kann auch – mit anderen Früchten vermischt und gesüßt, dick eingekocht – eine Weißdornkonfitüre herstellen.

Heilwirkung und Anwendung: Weißdorn wirkt blutdrucksenkend und regulierend auf Herz und Gefäße. Er zählt heute zu den häufig verordneten Herzmitteln. Weißdorn setzt die Pulsfrequenz herab, kräftigt das Herz und fördert die Durchblutung der Herzkranzgefäße. Auch bei langdauernder Anwendung zeigen sich keine Nebenwirkungen. Gerade in der heutigen Zeit, wo die Abbauerscheinungen am Herzen sehr zugenommen haben und Herzinfarkt sowie Angina pectoris mit an erster Stelle der Todesfälle stehen, sind Weißdornpräparate zur Therapie, noch mehr zur Prophylaxe (Vorbeugung) und Rehabilitation (Wiedereingliederung) sehr zu empfehlen.

Weißdornblütenzweig und Längsschnitte durch a) eine eingriffelige und b) zweigriffelige Blüte

Teezubereitung: 1 TL voll Weißdornblüten, frisch oder getrocknet, wird mit ¼ l kochendem Wasser überbrüht, 3 Minuten ziehen gelassen, abgeseiht, mit Honig gesüßt und eine halbe Stunde nach den Mahlzeiten gut warm und schluckweise langsam getrunken.

Weißdornblüten und -blätter, als Tee zubereitet, helfen auch als Badezusatz und bei Haarproblemen im Shampoo. Er fördert den natürlichen Haarwuchs.

In der Naturkosmetik ist der Weißdorn ein Mittel für trockene und nervöse Haut.

Pflanzenförderung: Setzt man Weißdorn in die Nähe von Obstbäumen, so zieht er Schädlinge an, die sonst Obstbäume befallen.

Die nektarreichen Weißdornblüten locken auch Wildbienen und Schmetterlinge an.

Weißdornfrüchte

Garten- und Wildkräuter zum Würzen

Würzen kann man mit vielerlei eßbaren Dingen. Nicht nur Kräuter beeinflussen Duft und Geschmack der Speisen, sondern auch Butter, Öle, Käse, Früchte oder Nüsse, ja selbst das eigentliche Nahrungsmittel hat meist schon eine gewisse Würze an sich.

Am Anfang der Würzkultur standen jedoch die Wildkräuter. Was für die Nahrung als Geschmacksverbesserer und auch, um Speisen bekömmlicher zu machen, von Kräuterweiblein gesammelt wurde, waren die Wurzeln bestimmter wildwachsender Pflanzen. Der Sammelbegriff für Wurzeln hieß Gewurz, woraus später Gewürz wurde.

Heute werden Speisen nicht nur mit Wurzeln geschmacklich verändert, sondern auch mit Blättern, Blüten und Früchten (Samen).

Manche Menschen haben eine natürliche Begabung, Gewürze so zu verwenden, daß Speisen ihr volles Aroma entwickeln.

Diese Begabung besteht allerdings wohl hauptsächlich darin, daß bei diesen Hobbyköchen ein lebhaftes Interesse besteht, ihre Mahlzeiten wirklich zu genießen.

Mit der folgenden Gewürztabelle wird es jedem leicht gemacht, die richtigen Gewürze für jedes Gericht zu finden.

Wer Würzen erst lernen will, sollte zunächst einzelne Gewürze verwenden und sie höchstens durch ganz kleine Mengen anderer Kräuter ergänzen.

Mit Gewürzen sparsam umzugehen und beim Abschmecken lieber noch nachzuwürzen, ist ohnehin sinnvoller.

Der Garten bietet eine Fülle von Kräutern zum Würzen vieler Speisen.

Gewürztabelle

Pflanze	Geschmack	Verwendet werden?	Würzt welche Speisen?	Wirkung
Anis	Süßlich (gemahlen aromatischer)	Frischer oder getrockneter Samen	Backwaren: Brot, Plätzchen, Spekulatius, Lebkuchen Süßspeisen: Obstsalat, Apfel- und Birnenkompott, Obstsuppen Rohkost: Krautsalate Kräuteressig und -öl	Verdauungsfördernd durch Steigerung des Gallenflusses, macht schwer verdauliche Speisen bekömmlicher, verhindert Blähungen, fördert den Milchfluß, wirkt beruhigend bei Kleinkindern
Basilikum	Schwach pfeffrig	Ganzes Kraut, abgeriebte Blätter, frisch oder getrocknet, kann mitgekocht werden	Gekochte Speisen: Suppen, Erbsen, Nudel- und Kartoffelsalat, Kohlgerichte, Fleisch, Backfisch, Soßen Rohkost: Salate aller Art, pikante Quarkspeisen und -soßen	Appetitanregend, verdauungsfördernd, magenstärkend, nierenanregend, verhindert Blähungen, hilft bei nervöser Unruhe und Schlaflosigkeit
Beifuß	Pikant, aromatisch	Ganzes Kraut, vor der Blüte gepflückt, frisch oder getrocknet	Gekochte Speisen: Eintöpfe, Soßen, Enten- und Gänsebraten Rohkost: Salate aller Art, pikante Quarkspeisen und -soßen Sonstiges: Schmalz	Fördert die Fettverdauung, reinigt den Verdauungstrakt, beeinflußt Magen- und Darmstörungen günstig, hilft bei Blasen-, Gallen- und Leberleiden
Bohnenkraut	Scharf aromatisch, gibt Bohnengerichten erst den typischen Geschmack	Ganzes Kraut, frisch oder getrocknet, mit Blüten	Gekochte Speisen: Bohnengerichte, Gemüseeintopf mit Hülsenfrüchten, Kohlgerichte, Kartoffel- und Nudelsalate, Pilzgerichte Rohkost: Salate aller Art, besonders geraspelter Kohl	Regt die Verdauungssäfte an, vertreibt Blähungen, Magenbeschwerden und aktiviert die Bauchspeicheldrüse
Borretsch	Mild, gurkenähnlich	Frische Blätter und Blüten	Rohkost: Salate aller Art, besonders Gurkensalat, Quarkspeisen und -soßen Kräuteressig und -öl Sonstiges: eingelegte Gurken	Günstig bei Gallen-, Leber- und Nierendiät und für Herzkranke, nervenberuhigend
Dill	Erfrischend, würzig	Frisches Kraut und Samen	Gekochte Speisen: Suppen, Dillsoße zu Kochfisch Rohkost: Gurkensalat, aber auch alle anderen rohen Salate, geraspelte Möhren und rote Bete, Quarkspeisen Kräuteressig und -öl Sonstiges: Käse, eingelegte Gurken, Kräuterbutter	Verdauungsanregend, verhindert Blähungen, schlaffördernd

Pflanze	Geschmack	Verwendet werden?	Würzt welche Speisen?	Wirkung
Estragon	Würzig mild	Frisches Kraut	Gekochte Speisen: Fisch- und Fleischgerichte Rohkost: geraspelte Kohlrabi, Blumenkohlröschen, alle grünen Salate, Quarkspeisen und -soßen Kräuteressig und -öl	Appetitanregend, verhindert Blähungen, behebt Völlegefühl und Schluckauf, wassertreibend
Gänseblümchen	Bittermild	Frische Blätter und Blüten	Rohkost: Frühlingssalat mit Gartenkresse, Löwenzahn, Schafgarbe und Brennessel; Frühlingsquarksoße	Entschlackt, blutreinigend, anregend für die Leber, bei Verschleimungen der Luftwege
Gartenkresse	Scharf, senfartig	Frisches, ganzes Kraut im Dreiblattstadium, auch mit den zarten Wurzeln	Rohkost: Salate aller Art, Quarkspeisen und -soßen, Frühlingssalat (siehe unter Gänseblümchen) Sonstiges: Kräuterbutter	Antibakteriell bei Erkältungen, Entzündungen der Harn- und Atemwege, gegen Müdigkeit und Blutarmut
Gartensalbei	Leicht bitter	Blätter und Jungtriebe, aber sparsam und am besten frisch	Gekochte Speisen: Geflügel, Fisch, Wild, Eintopf, Käseauflauf Rohkost: grüne Salate, Quarksoßen	Desinfizierend, entzündungshemmend, krampflösend, beruhigend, vermindert übermäßige Schweißabsonderung, auch während der Wechseljahre
Gewürzfenchel	Süßlich	Frische Triebspitzen und Samen	Backwaren: Brot, Lebkuchen Gekochte Speisen: Karpfen, Soßen Süßspeisen: Obstkompott Rohkost: Salate aller Art, geraspelter Weißkohl Kräuteressig und -öl Sonstiges: Fenchelhonig	Verhindert Blähungen, Magen- und Darmbeschwerden, beruhigt, lindert Husten und Heiserkeit
Kapuzinerkresse	Scharf	Frische Blätter, Blüten und Triebspitzen, aber sparsam	Rohkost: Salate aller Art, Quarkspeisen und -soßen	Blutreinigend, antiseptisch bei Infektionskrankheiten im Bereich der Luftwege, Nieren und ableitenden Harnwege, fördert die körpereigenen Abwehrkräfte
Kerbel	Süßlich, an Anis erinnernd	Frische Blätter, aber niemals mitkochen, getrocknet weniger aromatisch	Gekochte Speisen: Frühlingskerbelsuppe (erst vor dem Auftragen feingehackten Kerbel unterrühren), Grüne Soße, Fischsalate Rohkost: Salate aller Art, Quarkspeisen und -soßen	Blutreinigend, entschlackend, hoher Vitamin-C-Gehalt

Pflanze	Geschmack	Verwendet werden?	Würzt welche Speisen?	Wirkung
Koriander	Früchte sind nur würzig, wenn sie vollreif sind	Samen	Backwaren: Brot, Lebkuchen Gekochte Speisen: Kohl, Hülsenfrüchte, Fischgerichte, Soßen (Bestandteil von Curry)	Vertreibt Blähungen (am besten mit Kümmel zusammen verwenden), blutreinigend, kräftigt Magen und Galle
Kümmel	Stark würzig, eigenwillig	Samen	Backwaren: Brot, Kümmelstangen, Brötchen Gekochte Speisen: Kohlgerichte, vor dem Kochen über Dampfkartoffeln streuen Rohkost: geraspelten Kohl, rote Bete, Sauerkraut, Quarkspeisen Sonstiges: Kochkäse, Kümmelkäse	Verhindert Blähungen, krampflösend, desinfizierend, bei Magen- und Verdauungsbeschwerden, erhöht die Gallenabsonderung
Lavendel	Süßlich	Blätter und Triebspitzen, auch mit Blüten, frisch und getrocknet	Gekochte Speisen: Fischgerichte, Suppen, Soßen Süßspeisen: Obstsuppen, Obstkaltschalen, Fruchtsalate Rohkost: Salate aller Art, Quarkspeisen	Nervenberuhigend, krampflösend, fördert den Gallenabfluß, harntreibend
Liebstöckel	Maggiartig	Triebspitzen, Blätter und Wurzeln, frisch und getrocknet	Gekochte Speisen: Fleisch, Geflügel, Soßen, Eintöpfe Rohkost: Salate aller Art Kräuteressig und -öl Sonstiges: Hauptgewürz bei Maggi, verstärkt das Fleischaroma	Fördert die Fettverdauung, stärkt den Verdauungstrakt, behebt Blähungen, regt die Nierentätigkeit an. Durch die verstärkte Ausscheidung werden Rheuma, Gicht, Migräne und Menstruationsstörungen günstig beeinflußt.
Löwenzahn	Stark bitter	Frische Blätter und Wurzeln	Rohkost: Löwenzahnsalat, grüne Salate und Gemüsesalate aller Art, Quarkspeisen und -soßen	Blutreinigend, regt die Bauchspeicheldrüse an, harn- und schweißtreibend, regt die Magensekretion an, steigert die Leber- und Gallentätigkeit. Die vermehrte Ausscheidung beeinflußt auch Rheuma, Gicht und Augenleiden günstig.
Majoran	Würzig mild	Blühendes Kraut, frisch oder getrocknet	Gekochte Speisen: Gänsebraten, gebratene Leber, Bratkartoffeln, Erbsensuppe, Leberwurst, vor dem Kochen über Pellkartoffeln, Kartoffelsuppe Rohkost: Salate aller Art, wenn sie mild gewürzt werden sollen, Quarkspeisen und -soßen Sonstiges: Gänseschmalz	Appetitanregend, stärkt den Verdauungstrakt und verhindert Blähungen, gegen Durchfall, krampflösend und beruhigend

Pflanze	Geschmack	Verwendet werden?	Würzt welche Speisen?	Wirkung
Melisse	Erfrischend, nach Zitrone	Ganzes Kraut, frisch oder getrocknet, anwelken lassen, dann kommt das Aroma am meisten zur Geltung (getrocknet verliert es sich weitgehend)	Gekochte Speisen: Kalb-, Lamm- und Schweinefleisch, Kochfisch, vor allem Karpfen und Blaufelchen Rohkost: grüne Salate aller Art, geriebene Möhren und rote Bete	Krampflösend, entspannend und beruhigend, verhindert Blähungen, beeinflußt Verdauungsbeschwerden, Magen- und Darmkatarrh günstig, beschwichtigt nervöses Herzklopfen, beeinflußt Kopfschmerzen und Migräne günstig
Oregano	Würzig, leicht bitter	Blühendes Kraut, frisch oder getrocknet	Gekochte Speisen: Pizza, Teigwaren, Aufläufe, Tomatensoße, Hähnchen, Grillfleisch, Bratkartoffeln Rohkost: Salate aller Art, Tomatensalat, Quarkspeisen und -soßen	Antibakteriell, verdauungsfördernd, bei Magen- und Darmbeschwerden
Paprika	Pfeffrigscharf	Frisches und getrocknetes Fruchtfleisch, auch Kerne, aber diese sorgen für noch mehr Schärfe	Gekochte Speisen: Fleischgerichte, gedünstete Gemüse (Tomaten, Auberginen, Zucchini, Zwiebeln), Reis als Risotto, Pilzgerichte Rohkost: grüne Salate aller Art, Tomaten-, Gurken- (gewürfelt), Maissalat Sonstiges: eingelegte Paprikaschoten	Appetitanregend, stoffwechsel- und kreislauffördernd
Petersilie	Frisch, würzig	Frische und getrocknete Blätter und Wurzeln (letztere für gekochte Speisen)	Gekochte Speisen: mitgekochte Wurzeln in Gemüseeintopf, Gemüsebeilagen und gekochtem Fleisch, gehackte Blattpetersilie auf Fleischbrühe, Suppen und Dampfkartoffeln streuen, krause Petersilie als Sträußchen an Braten als Zierde und zum Mitessen Rohkost: Salate aller Art, Knoblauch-Quarksoße	Verhindert Blähungen, magenstärkend und entwässernd, vermindert Knoblauchgeruch
Pimpinelle	Frisch, würzig	Frische Blätter	Rohkost: grüne Salate aller Art, geraspelter Kohl, geriebene Möhren, rote Bete	Adstringierend, antiseptisch, entzündungshemmend
Ringelblume	Herbwürzig	Frische Blüten und Blätter	Rohkost: zerpflückte Blüten und gehackte Blätter an Salate aller Art	Harn- und schweißtreibend, krampflösend, abführend
Rosmarin	Stark aromatisch, kieferähnlich	Frische Triebspitzen und Blätter, für gekochte Gerichte auch getrocknet	Gekochte Speisen: Fisch- und Wildgerichte, Lamm- und Schafsbraten Rohkost: grüne Salate aller Art, geraspelten Weißkohl und Kohlrabi	Kreislauf- und appetitanregend, verdauungsfördernd, galletreibend

Pflanze	Geschmack	Verwendet werden?	Würzt welche Speisen?	Wirkung
Sauerampfer	Sauer	Frische Blätter	Gekochte Speisen: Sauerampfersuppe, Frühlingssuppe und -soße (mit anderen Kräutern zusammen) Rohkost: Salate aller Art	Blutreinigend, appetitanregend, fördert den Gallenfluß, günstig bei Harnverhalten
Schnittlauch	Mild zwiebelartig	Frische Lauchröhren	Gekochte Speisen: kleingehackt vor dem Servieren auf Rührei, Suppen und Brathähnchen streuen und unter Kartoffelsalat mischen Rohkost: Salate aller Art	Appetitanregend, antiseptisch, fördert die Darmtätigkeit
Thymian	Starkwürzig	Ganzes Kraut, frisch und getrocknet	Gekochte Speisen: Gemüsesuppen, Fleisch- und Fischgerichte, Wurst Rohkost: grüne Salate aller Art, Quarksoßen Kräuteressig und -öl	Appetitanregend, magen- und darmdesinfizierend, krampflösend bei Husten
Wermut	Sehr bitter (sparsam verwenden)	Oberer Teil der Triebe	Gekochte Speisen: Eintöpfe, Fleischgerichte, Gänse- und Entenbraten	Appetitanregend, fördert die Verdauung und den Gallenfluß
Ysop	Kampferartig	Das frische und getrocknete Kraut	Gekochte Speisen: Eintöpfe, Fleisch-, Kartoffel- und Bohnengerichte Rohkost: grüne Salate aller Art, sauer eingelegte Bohnen Kräuteressig und -öl	Blutreinigend, verdauungsfördernd, entschleimt die Luftwege, allgemein stärkend und anregend

Bezugsquellen in alphabetischer Reihenfolge

Abtei Fulda
  Nonnengasse 16, D-6400 Fulda
Bio-Agrar, Hermann Tränkle
  Probststr. 31, D-7505 Ettlingen
  (0 72 43) 1 40 95
Der Blühende Garten
  Mühlstr. 39–43, D-7065 Winterbach
  (0 71 81) 70 81
Heinrich Bornträger
  Postfach 3, D-6521 Offstein
Cohrs-GmbH
  Postfach 1165,
  D-2720 Rotenburg/Wümme
  (0 42 61) 31 06
Corna-Werk
  Wölper GmbH & Co.
  Erbacher Str. 41, Postfach 4267
  D-7900 Ulm-Donautal
  (07 31) 4 30 49 (Oscorna)
Ludwig Engelhart
  Sylvensteinstr. 14, D-8000 München 70
  (0 89) 76 40 02
Forschungsstelle für biologisch-dynamische
  Samenerzeugung
  D-2970 Emden-Wybelsum
Hauri KG
  Sonnenhalde 6, D-7805 Bötzingen
  (0 76 63) 10 51/52/53
Karl Hild
  Samenzüchter, D-7142 Marbach
Institut für biologisch-dynamische Forschung
  Brandschneise 5,
  D-6100 Darmstadt
  (0 61 55) 26 72

Institut für Gemüsebau der Versuchsanstalt für
  Gartenbau (FH-Weihenstephan)
  Lang Point, D-8050 Freising 12
  (0 81 61) 7 11
Kama – siehe Mahle
Bio- und Gartenmarkt Keller,
  Inh. Albert Kiefer
  Konradstr. 17, D-7800 Freiburg
A. Kienast
  Derchinger Str. 11, D-8904 Friedberg
Werner Kimmerle
  Uhlandstr. 22,
  D-7441 Neckartenzlingen
  (0 71 27) 3 10 83
Lause KG
  Roter Kamp 27, Postfach 1163
  D-2116 Hanstedt
Mahle Dünger GmbH
  Postfach 2724, D-7100 Heilbronn
  (0 71 31) 1 08 68 (Kama)
Mikrobiologisches Laboratorium
  D-6348 Herborn
  (0 27 72) 25 26
W. Neudorff GmbH KG
  Postfach 1209, D-3254 Emmerthal
Horst Richter
  Zellerstr. 51, D-7311 Ohmden/Teck
Sauter & Stepper
  Rosenstr. 17, D-7403 Ammerbuch 5
Carl Sperling und Co.
  Postfach 2640, D-2120 Lüneburg
Supra-Cell GmbH
  Auslieferungslager Schwanenstr. 13,
  D-7580 Bühl
  (0 72 23) 2 36 58
Tetra-Werk
  Postfach 1580, D-4520 Melle
  (0 54 22) 10 51
Maria Thun-Verlag, Aussaattage
  Postfach 1446, D-3560 Biedenkopf
Tilco Biochemie GmbH
  Postfach 70 04 30,
  D-7000 Stuttgart
  (07 11) 80 00 76
Varley GmbH
  In der Au 1, D-7851 Inzlingen
  (0 76 21) 8 20 00
  Maulbeerstr. 15, CH-4058 Basel
  (0 61) 26 68 68

Bezugsquellen-Sach-verzeichnis

Aussaattage: Maria Thun

Bewurzelungsförderung

Alginure-Bodengranulat, -Quellperlen, -Tauch-Mix, -Wurzel-Dip:
  Tilco-Biochemie
Hornmistpräparat Nr. 500:
  Institut für biol.-dyn. Forschung
Neudofix: Keller, Neudorff
Oscorna-Wurzelstärkung: Corna-Werk

Bodenstabilisierung

Alginure-Bodengranulat, Alginure-Quellperlen:
  (beide gegen stauende Nässe, Verschlämmung
  und Verkrustung, Erosion;
  Bodentiefenlockerung): Tilco Biochemie.
Cohrs-Bodenbakterien
  (Verbesserung der Bodenqualität): Cohrs
Granosal A + B: Supra-Cell
  Eusilva I + II
Hornmistpräparat Nr. 500,
Hornkieselpräparat Nr. 501:
  Institut für biologisch-dynamische Forschung

Kompostiermittel

Alginure-Kompostpulver, Kompostpaste,
Kompost-Fix:
  Engelhart, Tilco Biochemie
Bio-Komposter:
  Keller, Neudorff
Cohrs-Kompost-Starter:
  Cohrs, Der grüne Baum, Keller, Richter
Edafil: Tetra-Werk
Eokomit: Der Blühende Garten, Keller, Tilco
  Biochemie

Fertosan: Varley
Humofix:
  Abtei Fulda, Keller
Kompostierpräparate 502–507:
  Institut für biologisch-dynamische Forschung
Oscorna-Kompostbeschleuniger:
  Corna-Werk, Keller
Radivit: Keller, Neudorff
Symbioflor:
  Mikrobiologisches Laboratorium

Kräutersamen und Gewürzpflanzen

Bornträger, Forschungsstelle für biol.-dynam. Samenerzeugung, Hild, Sperling

Mineralische Dünger

Algomin (Korallalgenkalk):
  Bio-Agrar, Der Blühende Garten, Cohrs,
  Engelhart, Keller
AZ-Kalk: Keller, Neudorff
Basaltmehl: Engelhart
Cohrs-Bentonit:
  Cohrs, Der grüne Baum, Keller, Neudorff,
  Richter
Eifelgold (Urgesteinsmehl und Granulat):
  Cohrs, Keller
Gartenkalk Dolomit:
  Mahle (Kama)
Lava-Granulat: Cohrs
Luzian-Steinmehl: Cohrs, Keller, Richter
Orgamin: Mahle (Kama)
Pholin: Cohrs
Urgesteinsmehl: Neudorff
Vulkangesteinsmehl: Der Blühende Garten,
  Hauri, Keller

Mischdünger

Azet-Präparate: Neudorff
Bio-Gemüse-Streumittel: (Kräuterextrakte,
  Kieselsäure und Kalk): Neudorff
Biotrissol: Keller, Neudorff
ECOVITAL Cohrs, Der grüne Baum, Keller,
  Richter
ECOVITAL-S (ohne Kalk): Cohrs
Heco-Organ: Richter
Oscorna-Dünger: Corna-Werk, Keller

Pflanzliche Dünger und Pflanzenpflegemittel

Algan: Neudorff
ALGIFERT: Cohrs, Engelhart, Der grüne Baum, Keller, Richter
Alginure-Schutzspray: Engelhart, Tilco Biochemie
ARTANAX S (auf Phytonzidbasis): Cohrs, Engelhart, Der grüne Baum, Keller, Richter
Baldrianblütenextrakt: Cohrs, Keller, Richter
COHRS-Brennesselpulver: Cohrs, Engelhart, Keller, Richter
COHRS-Pflanzenkräftiger: Cohrs
EQUISAN: Cohrs, Der grüne Baum
Hornkieselpräparat Nr. 501: Institut für biologisch-dynamische Forschung
Kräuterkompost: Neudorff
Meeresalgendünger, Meerwunder: Cohrs, Engelhart, Keller

Zur Abwehr von Schädlingen und Pflanzenkrankheiten

Baldrianblütenextrakt: Cohrs
BioBlatt-Mehltaumittel: Neudorff
COHRS-Erdbeerpflegemittel: Cohrs
CP-Mineralpulver: Cohrs
Dipel
    (Bacillus thuringiensis gegen Raupen): Keller, Richter
ECOMIN:
    (auf Phytonzidbasis): Cohrs, Keller, Richter
EQUISAN:
    Cohrs
ETERMUT-Biologisches Möhren-Streumittel: Cohrs, Kohlhernie-Stop: Cohrs
Myctan: Keller, Neudorff
Neudosan: Neudorff
Oscorna Insektenschutz:
    (Pyrethrum): Corna-Werk
Oscorna-Pilzvorbeuge:
    Corna-Werk
Raubmilben- und Schlupfwespen-Versand: Institut für Gemüsebau der Versuchsanstalt für Gartenbau, Kienast, Mertens, Neudorff, Sauter & Stepper
Vulkamin-Pflanzenschutzpuder:
    Hauri

Tierische Dünger

Blutmehl: Engelhart, Keller
Cornahum: Corna-Werk
Calif. Trocken-Rinderdung:
    Keller, Richter
Cuxin 90 (kompostierter Hühnerdung): Keller
Horngries: Keller, Mahle (Kama)
Hornmehl: Engelhart, Keller, Mahle
Hornspäne Cornapur:
    Corna-Werk
Knochenmehl: Engelhart, Keller, Richter
ORGAHUM: Mahle (Kama)
OSCORNA-Animalin:
    Corna-Werk
Peru-Guano: Keller
Spezial-Mist-Kompost: Kimmerle, Richter
Stallatico (kompostierter Schaf-, Pferde- und Rinderdung): Bio-Agrar, Cohrs, Keller, Richter

Wasserverbesserung

Biosmon: Keller, Reformhäuser

Register

Der Biogarten unter Glas und Folie
Ganzjährig erfolgreich ernten
(0722) Von Ingrid Gabriel, 128 Seiten,
62 Farbfotos, 45 Farbzeichnungen, kartoniert,
DM 14,80, S 119,–

Der biologische Zier- und Wohngarten
Planen, Bodenvorbereiten, Bepflanzen und
Pflegen
(0748) Von Ingrid Gabriel, 128 Seiten,
72 Farbfotos, 46 Farbzeichnungen, kartoniert,
DM 14,80, S 119,–

Obst und Beeren im Biogarten
Gesunde und schmackhafte Früchte durch natürlichen
Anbau
(0780) Von Ingrid Gabriel, 128 Seiten,
38 Farbfotos, 71 Farbzeichnungen, kartoniert,
DM 14,80, S 119,–

Gemüse im Biogarten
Gesunde Ernte durch natürlichen Anbau
(0830) Von Ingrid Gabriel, 128 Seiten,
26 Farbfotos, 86 Farbzeichnungen, kartoniert,
DM 14,80, S 119,–

FALKEN VERLAG

FALKEN-HANDBUCH
Umweltschutz
Das Öko-Testbuch zur Eigeninitiative
(4160) Von Manfred Häfner, 352 Seiten,
411 Farbfotos, 152 Farbzeichnungen, Pappband,
DM 49,–, S 398,–

Selbstversorgung aus dem eigenen Anbau
Reichen Erntesegen verwerten und haltbar
machen
(4182) Von Maren Bustorf-Hirsch, Michael
Hirsch, 216 Seiten, 270 Zeichnungen,
Pappband, **DM 29,80**, S 239,–

Das Bio-Gartenjahr
(4169) Von Norbert Jorek, 128 Seiten,
8 Farbtafeln, 70 s/w-Abbildungen, kartoniert,
DM 14,80, S 119,–

Leben im Naturgarten
Der Biogarten und seine gesunde Umwelt
(4124) Von Norbert Jorek, 128 Seiten,
15 Farbtafeln, 68 s/w-Fotos, kartoniert,
DM 14,80, S 119,–

Falls durch besondere Umstände Preisänderungen notwendig werden, erfolgt Auftragserledigung zu dem bei der Lieferung gültigen Preis

Gesamt-Programm

Essen und Trinken

FALKEN EXKLUSIV
Kochen in höchster Vollendung
Aus vier Elementen ist alles zusammengefügt
(Theophrast). (4291) Von M. Wissing, M. Kirsch,
160 S., 230 Farbfotos, Leinen geprägt mit
Schutzumschlag, im Schuber,
DM 98,– . S 784.–

Köstliche Suppen
für jede Tages- und Jahreszeit. (5122) Von
E. Fuhrmann, 64 S., 38 Farbfotos, 2 Zeichnungen, Pappband. ●●

Was koche ich heute?
Neue Rezepte für Fix-Gerichte. (0608) Von A.
Badelt-Vogt, 112 S., 16 Farbtafeln, kart. ●

Kochen für 1 Person
Rationell wirtschaften, abwechslungsreich
und schmackhaft zubereiten. (0586) Von M.
Nicolin, 136 S., 8 Farbtafeln, 23 Zeichnungen,
kart. ●

Schnell und individuell
Die raffinierte Single-Küche
(4266) Von F. Faist, 160 S., 151 Farbfotos,
Pappband. ●●●

Gesunde Kost aus dem Römertopf
(0442) Von J. Kramer, 128 S., 8 Farbtafeln,
13 Zeichnungen, kart. ●

FALKEN-FEINSCHMECKER
Pasta in Höchstform
Nudeln
(0884) Von M. Kirsch, 64 S., 62 Farbfotos,
Pappband. ●

Nudelgerichte
– lecker, locker, leicht zu kochen. (0466) Von
C. Stephan, 80 S., 8 Farbtafeln, kart. ●

Lieblingsrezepte
Phantasievoll zubereitet und originell
dekoriert. (4234) Hrsg. P. Diller. 160 S., 120
Farbfotos, 34 Zeichnungen, Pappband. ●●●

FALKEN-FEINSCHMECKER
In Hülle und Fülle
Pasteten und Terrinen
(0883) Von M. Kirsch, 48 S., 62 Farbfotos,
Pappband. ●

FALKEN-FEINSCHMECKER
Spezialitäten unter knuspriger Decke
Aufläufe
(0882) Von C. Adam, 48 S., 33 Farbfotos,
Pappband. ●

Die besten Eintöpfe und Aufläufe
Das Beste aus den Kochtöpfen der Welt
(5079) Von A. und G. Eckert, 64 S., 50 Farbfotos, Pappband. ●●

FALKEN-FEINSCHMECKER
Herzhaftes für Leib und Seele
Eintöpfe
(0820) Von P. Klein, 48 S., 30 Farbfotos,
Pappband. ●

Schnell und gut gekocht
Die tollsten Rezepte für den Schnellkochtopf.
(0265) Von J. Ley, 96 S., 8 Farbtafeln, kart. ●

Kochen und backen im Heißluftherd
Vorteile, Gebrauchsanleitung, Rezepte.
(0516) Von K. Kölner, 72 S., 8 Farbtafeln,
kart. ●

Zaubern mit der schnellen Welle
Die neue Mikrowellenküche
(4289) Von F. Faist, 208 S., 188 Farbfotos,
Pappband. ●●●

Das neue Mikrowellen-Kochbuch
(0434) Von H. Neu, 64 S., 4 Farbtafeln,
16 s/w Zeichnungen, kart. ●

Ganz und gar mit Mikrowellen
(4094) Von T. Peters, 208 S., 24 Farbfotos,
12 Zeichnungen, kart. ●●●

FALKEN-FEINSCHMECKER
Schnell auf den Tisch gezaubert
Kochen mit Mikrowellen
(0818) Von A. Danner, 64 S., 52 Farbfotos,
Pappband. ●

Marmeladen, Gelees und Konfitüren
Köstlich wie zu Omas Zeiten – einfach selbstgemacht. (0720) Von M. Gutta, 32 S.,
23 Farbfotos, 1 Zeichnung, Pappband. ●

Einkochen
nach allen Regeln der Kunst. (0405) Von B.
Müller, 128 S., 8 Farbtafeln, kart. ●

Einkochen, Einlegen, Einfrieren
(4055) Von B. Müller, 152 S., 27 s/w-Abb.,
kart. ●●

FALKEN-FEINSCHMECKER
Goldbraun und knusprig
Fritierte Leckerbissen
(0868) Von F. Faist, 64 S., 47 Farbfotos,
Pappband. ●

Das neue Fritieren
geruchlos, schmackhaft und gesund. (0365)
Von P. Kühne, 96 S., 8 Farbtafeln, kart. ●

FALKEN-FEINSCHMECKER
Die Krönung der feinen Küche
Saucen
(0817) Von G. Cavestri, 48 S., 40 Farbfotos,
Pappband. ●

FALKEN-FEINSCHMECKER
Edler Kern in harter Schale
Meeresfrüchte
(0886) Von L. Grieser, 48 S., 52 Farbfotos,
Pappband. ●

FALKEN-FEINSCHMECKER
Von Tatar und falschen Hasen
Hackfleisch
(0866) Von A. und G. Eckert, 64 S., 42 Farbfotos, Pappband. ●

Mehr Freude und Erfolg beim **Grillen**
(4141) Von A. Berliner, 160 S., 147 Farbfotos,
10 farbige Zeichnungen, Pappband. ●●●

Grillen
Fleisch · Fisch · Beilagen · Soßen. (5001) Von
E. Fuhrmann, 64 S., 38 Farbfotos, Pappband.
●●

Chinesisch kochen
mit dem Wok-Topf und dem Mongolen-Topf.
(0557) Von C. Korn, 64 S., 8 Farbtafeln, kart. ●

Schlemmerreise durch die
Chinesische Küche
(4184) Von Kuo Huey Jen, 160 S., 117 Farbfotos, Pappband. ●●●

Nordische Küche
Speisen und Getränke von der Küste. (5082)
Von J. Kürtz, 64 S., 44 Farbfotos, Pappband.
●●

Deutsche Küche
Schmackhafte Gerichte von der Nordsee bis
zu den Alpen. (5025) Von E. Fuhrmann,
64 S., 52 Farbfotos, Pappband. ●●

Essen in Hessen
Spezialitäten zwischen Schwalm und Oden-
wald. (0837) Von R. Witt, 120 S.,
10 s/w-Zeichnungen, Pappband. ●●

Französisch kochen
Eine kulinarische Reise durch Frankreich.
(5016) Von M. Gutta, 64 S., 35 Farbfotos,
Pappband. ●●

Französische Küche
(0685) Von M. Gutta, 96 S., 16 Farbtafeln,
kart. ●

**Französische Spezialitäten aus dem
Backofen**
Herzhafte Tartes und Quiches mit Fleisch,
Fisch, Gemüse und Käse
(5146) Von P. Klein, 64 S., 43 Farbfotos,
Pappband. ●●

FALKEN-FEINSCHMECKER
Aus lauter Lust und Liebe
Knoblauch
(0867) Von L. Reinirkens, 64 S., 45 Farbfotos, Pappband. ●

Kochen und würzen mit **Knoblauch**
(0725) Von A. und G. Eckert, 96 S., 8 Farbtafeln, kart. ●

Schlemmerreise durch die
Italienische Küche
(4172) Von V. Pifferi, 160 S., 109 Farbfotos,
Pappband. ●

**Pizza, Pasta und die feine italienische
Küche**
(4270) Von R. Rudatis, 120 S., 255 Farbfotos, Pappband. ●●

Italienische Küche
Ein kulinarischer Streifzug mit regionalen
Spezialitäten. (5026) Von M. Gutta, 64 S.,
35 Farbfotos, Pappband. ●●

Köstliche Pizzas, Toasts, Pasteten
Schmackhafte Gerichte schnell zubereitet.
(5081) Von A. und G. Eckert, 64 S., 46 Farbfotos, Pappband. ●●

FALKEN-FEINSCHMECKER
Schlemmen wie bei Mamma Maria
Pizzas
(0815) Von F. Faist, 64 S., 62 Farbfotos,
Pappband. ●

Köstliche Pilzgerichte
Tips und Rezepte für die häufigsten Pilzgat-
tungen. (5133) Von V. Spicker-Noack, M.
Knoop, 64 S., 52 Farbfotos, Pappband. ●●

Köstliche Fondues
mit Fleisch, Geflügel, Fisch, Käse, Gemüse und
Süßem. (5006) Von E. Fuhrmann, 64 S.,
50 Farbfotos, Pappband. ●●

Fondues
und fritierte Leckerbissen. (0471) Von
S. Stein, 96 S., 8 Farbtafeln, kart. ●

Fondues · Raclettes · Flambiertes
(4081) Von R. Peiler und M.-L. Schult, 136 S.,
15 Farbtafeln, 28 Zeichnungen, kart. ●●

**Neue, raffinierte Rezepte mit dem
Raclette-Grill**
(0558) Von L. Helger, 56 S., 8 Farbtafeln,
kart. ●

FALKEN VERLAG

Rezepte rund um Raclette und Doppeldecker
(0420) Von J. W. Hochscheid, 72 S., 8 Farbtafeln, kart. ●

Fondues und Raclettes
(4253) Von F. Faist, 160 S., 125 Farbfotos, Pappband. ●●●

FALKEN-FEINSCHMECKER
Schmelzendes Käsevergnügen
Raclette
(0881) Von F. Faist, 48 S., 33 Farbfotos, Pappband. ●

Kulinarischer Feuerzauber
Flambieren
(4294) Von R. Wesseler, 120 S., 100 Farbfotos, Pappband. ●●

Kochen und würzen mit
Paprika
(0792) Von A. und G. Eckert, 88 S., 8 Farbtafeln, kart. ●

Kleine Kalte Küche
für Alltag und Feste. (5097) Von A. und G. Eckert, 64 S., 45 Farbfotos, Pappband. ●●

Kalte Platten – Kalte Büfetts
rustikal bis raffiniert. (5015) Von M. Gutta, 64 S., 34 Farbfotos, Pappband. ●●

Kalte Happen und Partysnacks
Canapés, Sandwiches, Pastetchen, Salate und Suppen. (5029) Von D. Peters, 64 S., 44 Farbfotos, Pappband. ●●

Garnieren und Verzieren
(4236) Von R. Biller, 160 S., 329 Farbfotos, 57 Zeichnungen, Pappband. ●●●

Desserts
Puddings, Joghurts, Fruchtsalate, Eis, Gebäck, Getränke. (5020) Von M. Gutta, 64 S., 41 Farbfotos, Pappband. ●●

FALKEN-FEINSCHMECKER
Süße Verführungen
Desserts
(0885) Von M. Bacher, 64 S., 75 Farbfotos, Pappband. ●

FALKEN-FEINSCHMECKER
Süße Geheimnisse eiskalt gelüftet
Eis und Sorbets
(0870) Von H. W. Liebheit, 48 S., 38 Farbfotos, Pappband. ●

Crêpes, Omeletts und Soufflés
Pikante und süße Spezialitäten. (5131) Von J. Rosenkranz, 64 S., 45 Farbfotos, Pappband. ●●

Kuchen und Torten
Die besten und beliebtesten Rezepte. (5067) Von M. Sauerborn, 64 S., 79 Farbfotos, Pappband. ●●

Tortenträume und Kuchenfantasien
Gebackene Köstlichkeiten originell dekoriert und verziert. (0823) Von F. Faist, 80 S., 150 Farbfotos, kart. ●●

Backen mit Lust und Liebe
(4284) Von M. Schumacher, R. Krake, 242 S., 348 Farbfotos, 18 farb. Vignetten, 3 vierseitige Ausklapptafeln, Pappband. ●●●●

Schönes Hobby Backen
Erprobte Rezepte mit modernen Backformen. (0451) Von E. Blome, 96 S., 8 Farbtafeln, kart. ●

Backen, was allen schmeckt
Kuchen, Torten, Gebäck und Brot. (4166) Von E. Blome, 556 S., 40 Farbtafeln, Pappband. ●●●

Meine Vollkornbackstube
Brot · Kuchen · Aufläufe. (0616) Von R. Raffelt, 96 S., 4 Farbtafeln, 12 Zeichnungen, kart. ●

FALKEN-FEINSCHMECKER
Mit Körnern, Zimt und Mandelkern
Vollkorngebäck
(0816) Von M. Bustorf-Hirsch, 48 S., 39 Farbfotos, Pappband. ●

Biologisch Backen
Neue Rezeptideen für Kuchen, Brote, Kleingebäck aus vollem Korn. (4174) Von M. Bustorf-Hirsch, 136 S., 15 Farbtafeln, 47 Zeichnungen, kart. ●●

Selbst Brotbacken
Über 50 erprobte Rezepte. (0370) Von J. Schiermann, 80 S., 6 Zeichnungen, 4 Farbtafeln, kart. ●

Mehr Freude und Erfolg beim
Brotbacken
(4148) Von A. und G. Eckert, 160 S., 177 Farbfotos, Pappband. ●●●

Brotspezialitäten
knusprig backen – herzhaft kochen. (5088) Von J. W. Hochscheid und L. Helger, 64 S., 48 Farbfotos, Pappband. ●●

Weihnachtsbäckerei
Köstliche Plätzchen, Stollen, Honigkuchen und Festtagstorten. (0682) Von M. Sauerborn, 32 S., 36 Farbfotos, Pappband. ●

Waffeln
süß und pikant. (0522) Von C. Stephan, 64 S., 8 Farbtafeln, kart. ●

Kochen für Diabetiker
Gesund und schmackhaft für die ganze Familie. (4132) Von M. Toeller, W. Schumacher, A. C. Groote, 224 S., 109 Farbfotos, 94 Zeichnungen, Pappband. ●●●

Neue Rezepte für Diabetiker-Diät
Vollwertig – abwechslungsreich – kalorienarm. (0418) Von M. Oehlrich, 120 S., 8 Farbtafeln, kart. ●

Wer schlank ist, lebt gesünder
Tips und Rezepte zum Schlankwerden und -bleiben. (0562) Von R. Mainer, 80 S., 8 Farbtafeln, kart. ●

SLIM
Der neue, individuelle Schlankheitsplan (4277) Von Prof. Dr. E. Menden, W. Aign, 120 S., 440 Farbfotos, Pappband. ●●●

Kalorien – Joule
Eiweiß · Fett · Kohlenhydrate tabellarisch nach gebräuchlichen Mengen. (0374) Von M. Bormio, 136 S., kart. ●

Alles mit Joghurt
tagfrisch selbstgemacht. Mit vielen Rezepten. (0382) Von G. Volz, 88 S., 8 Farbtafeln, kart. ●

Gesund leben – schlank werden mit der
Bio-Kur
(0657) Von S. Winter, 144 S., 4 Farbtafeln, kart. ●

FALKEN-FEINSCHMECKER
Raffiniert und gesund würzen
Kräuterküche
(0869) Von A. Görgens, 48 S., 43 Farbfotos, Pappband. ●

Miekes Kräuter- und Gewürzkochbuch
(0323) Von I. Persy und K. Mieke, 96 S., 8 Farbtafeln, kart. ●

Das köstliche knackige Schlemmervergnügen.
Salate
(4165) Von V. Müller. 160 S., 80 Farbfotos, Pappband. ●●●

111 köstliche Salate
Erprobte Rezepte mit Pfiff. (0222) Von C. Schönherr, 96 S., 8 Farbtafeln, 30 Zeichnungen, kart. ●

FALKEN-FEINSCHMECKER
Köstlich frisch auf den Tisch
Rohkostsalate
(0865) Von C. Adam, 48 S., 26 Farbfotos, Pappband. ●

Joghurt, Quark, Käse und Butter
Schmackhaftes aus Milch hausgemacht. (0739) Von M. Bustorf-Hirsch. 32 S., 59 Farbabb., Pappband. ●

Optimale Ernährung
für Krafttraining und Bodybuilding (0912) Von B. Dahmen, 88 S., 8 Farbtafeln, 8 Zeichnungen, kart. ●

Die abwechslungsreiche
Vollwertküche
Vitaminreich und naturbelassen kochen und backen. (4229) Von M. Bustorf-Hirsch, K. Siegel, 280 S., 31 Farbtafeln, 78 Zeichnungen, Pappband. ●●●●

Die feine Vollwertküche
(4286) Von M. Bustorf-Hirsch, 160 S., 83 Farbfotos, Pappband. ●●●

Meine Vollkornküche
Herzhaftes von echtem Schrot und Korn (0858) Von S. Walz, 128 S., 8 Farbtafeln, kart. ●

Alternativ essen
Die gesunde Sojaküche.
(0553) Von U. Kolster, 112 S., 8 Farbtafeln, kart. ●

Kochen mit Tofu
Die gesunde Alternative. (0894) Von U. Kolster, 80 S., 8 Farbtafeln, kart. ●

Das Reformhaus-Kochbuch
Gesunde Ernährung mit hochwertigen Naturprodukten. (4180) Von A. und G. Eckert, 160 S. 15 Farbtafeln, Pappband. ●●●

Gesund kochen mit Keimen und Sprossen
(0794) Von M. Bustorf-Hirsch, 104 S., 8 Farbtafeln, 13 s/w Zeichnungen, kart. ●

Die feine Vegetarische Küche
(4235) Von F. Faist, 160 S., 191 Farbfotos, Pappband. ●●●

Biologische Ernährung
für eine natürliche und gesunde Lebensweise. (4125) Von G. Leibold, 136 S., 15 Farbtafeln, 47 Zeichnungen, kart. ●●

Gesunde Ernährung für mein Kind
(0776) Von M. Bustorf-Hirsch, 96 S., 8 Farbtafeln, 5 s/w Zeichnungen, kart. ●

Vitaminreich und naturbelassen
Biologisch Kochen
(4162) Von M. Bustorf-Hirsch und K. Siegel, 144 S., 15 Farbtafeln, 31 Zeichnungen, kart. ●●

Gesund kochen
wasserarm · fettfrei · aromatisch. (4060) Von M. Gutta, 240 S., 16 Farbtafeln, Pappband. ●

Kräuter- und Heilpflanzen-Kochbuch
für eine gesunde Lebensweise. (4066) Von P. Pervenche, 143 S., 15 Farbtafeln. kart. ●●

Pralinen und Konfekt
Kleine Köstlichkeiten selbstgemacht. (0731) Von H. Engelke, 32 S., 57 Farbfotos, Pappband. ●

Die hier vorgestellten Bücher, Videokassetten und Software sind in folgende Preisgruppen unterteilt:

● Preisgruppe bis DM 10,– /S 79,–
●● Preisgruppe über DM 10,– bis DM 20,– S 80,– bis S 160,–

●●● Preisgruppe über DM 20,– bis DM 30,– S 161,– bis S 240,–

●●●● Preisgruppe über DM 30,– bis DM 50,– S 241,– bis S 400,–
●●●●● Preisgruppe über DM 50,– /S 401,–
*(unverbindliche Preisempfehlung)

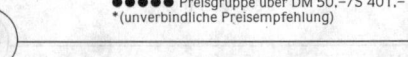

FALKEN-FEINSCHMECKER
Zart schmelzende Versuchungen
Schokolade
(0819) Von J. Schroer, 48 S., 53 Farbfotos,
Pappband. ●

Köstlichkeiten für Gäste und Feste
Kalte Platten
(4200) Von I. Pfliegner, 160 S., 130 Farbfotos, Pappband. ●●●

Kochen für Gäste
Köstliche Menüs mit Liebe zubereitet.
(5149) Von R. Wesseler, 64 S., 40 Farbfotos,
Pappband. ●●

Das richtige Frühstück
Gesunde Vollwertkost vitaminreich und
naturbelassen.
(0784) Von C. Kratzel und R. Böll, 32 S.,
28 Farbfotos, Pappband. ●

Bocuse à la carte
Französisch kochen mit dem Meister.
(4237) Von P. Bocuse, 88 S., 218 Farbfotos,
Pappband. ●●

Kochschule mit Paul Bocuse
(6016/VHS, 6017/Video 2000, 6018/Beta),
60 Min. in Farbe. ●●●●●*

Natursammlers Kochbuch
Wildfrüchte und Gemüse, Pilze, Kräuter – finden und zubereitet. (4040) Von C. M. Kerler,
140 S., 12 Farbtafeln, kart. ●

Cocktails
(4267) Von W. R. Hoffmann, W. Hubert,
U. Lottring, 160 S., 164 Farbfotos,
1 s/w-Foto, Pappband. ●●●

Neue Cocktails und Drinks
mit und ohne Alkohol. (0517) Von S. Späth,
128 S., 4 Farbtafeln, kart., ●

Mixgetränke
mit und ohne Alkohol (5017) Von C. Arius,
64 S., 35 Farbfotos, Pappband. ●●

Cocktails und Mixereien
für häusliche Feste und Feiern. (0075) Von J.
Walker, 96 S., 4 Farbtafeln, kart. ●

Die besten Punsche, Grogs und Bowlen
(0575) Von F. Dingden, 64 S., 4 Farbtafeln,
kart. ●

Weine und Säfte, Liköre und Sekt
selbstgemacht. (0702) Von P. Arauner,
232 S., 76 Abb., kart. ●●

Mitbringsel aus meiner Küche
selbst gemacht und liebevoll verpackt.
(0668) Von C. Schönherr, 32 S., 30 Farbfotos, Pappband. ●

Weinlexikon
Wissenswertes über die Weine der Welt.
(4149) Von U. Keller, 224 S., 6 Farbtafeln,
395 s/w-Fotos, Pappband. ●●●

Heißgeliebter Tee
Sorten, Rezepte und Geschichten. (4114) Von
C. Maronde, 153 S., 16 Farbtafeln, 93 Zeich-
nungen, Pappband. ●●●

Tee für Genießer.
Sorten · Riten · Rezepte. (0356) Von M. Nicolin, 64 S., 4 Farbtafeln, kart. ●

Tee
Herkunft · Mischungen · Rezepte. (0515) Von
S. Ruske, 96 S., 4 Farbtafeln, 16 s/w-Abbil-
dungen, Pappband. ●

Kinder lernen spielend backen
(5110) Von M. Gutta, 64 S., 45 Farbfotos,
Pappband. ●●

Kinder lernen spielend kochen
Lieblingsgerichte mit viel Spaß selbst zubereitet
(5096) Von M. Gutta, 64 S., 45 Farbfotos,
Pappband. ●●

Komm, koch mit mir
Kunterbuntes Kochvergnügen für Kinder.
(4285) Von S. und H. Theilig, Illustrationen
von B. v. Hayek, 96 S., 48 Farbfotos, 350
Farb- und 1 s/w-Zeichnung, Pappband. ●●

Hobby

Aquarellmalerei
als Kunst und Hobby. (4147) Von H. Haack
und B. Wersche, 136 S., 62 Farbfotos,
119 Zeichnungen, Pappband. ●●●●

Aquarellmalerei
Materialien · Techniken · Motive.
(5099) Von T. Hinz, 64 S., 79 Farbfotos,
Pappband. ●●

Hobby Aquarellmalen
Landschaft und Stilleben
(0876) Von I. Schade, A. Brück, 80 S.,
111 Farbabbildungen, kart. ●●

Videokassette
Hobby Aquarellmalen
Landschaft und Stilleben (6022/VHS)
ca. 40 Min., in Farbe, ●●●●*

Aquarellmalerei leicht gelernt
Materialien · Techniken · Motive.
(0787) Von T. Hinz, R. Braun, B. Zeidler,
32 S., 38 Farbfotos, 1 Zeichnung, ●

Aquarellieren auf Seide
Materialien · Techniken · Motive.
(0917) Von I. Demharter, 32 S., 41 Farbfotos,
Pappband. ●

Hobby Ölmalerei
Landschaft und Stilleben
(0875) Von H. Kämper, I. Becker, 80 S.,
93 Farbabb., kart. ●●

Videokassette
Hobby Ölmalerei
Landschaft und Stilleben (6025/VHS)
ca. 40 Min., in Farbe, ●●●●*

Falken-Handbuch
Zeichnen und Malen
(4167) Von B. Bagnall, 336 S., 1154 Farbabb.,
Pappband. ●●●●

Naive Malerei
Materialien · Motive · Techniken. (5083) Von F.
Krettek, 64 S., 76 Farbfotos, Pappband. ●●

Bauernmalerei
als Kunst und Hobby. (4057) Von A. Gast und
H. Stegmüller, 128 S., 239 Farbfotos, 26 Riß-
Zeichnungen, Pappband. ●●●●

Hobby Bauernmalerei
(0436) Von S. Ramos und J. Roszak, 80 S.,
116 Farbfotos und 28 Motivvorlagen, kart.
●●

Bauernmalerei
Kreatives Hobby nach alter Volkskunst
(5039) Von S. Ramos, 64 S., 85 Farbfotos,
Pappband. ●●

Glasmalerei
als Kunst und Hobby. (4088) Von F. Krettek
und S. Beeh-Lustenberger, 132 S., 182 Farbfotos, 38 Motivvorlagen, Pappband. ●●●●

Naive Hinterglasmalerei
Materialien · Techniken · Bildvorlagen
(5145) Von F. Krettek, 64 S., 87 Farbfotos,
6 Zeichnungen, Pappband. ●●

Kalligraphie
Die Kunst des schönen Schreibens
(4263) Von C. Hartmann, 120 S., 44 Farbvor-
lagen, 29 s/w-Vorlagen, 2 s/w-Zeichnungen,
38 Farbfotos, Pappband. ●●●●

Seidenmalerei als Kunst und Hobby
(4264) Von S. Hahn, 136 S., 256 Farbfotos,
1 s/w-Foto, 34 Farbzeichnungen, Pappband.
●●●●

Kunstvolle Seidenmalerei
Mit zauberhaften Ideen zum Nachgestalten.
(0783) Von I. Demharter, 32 S., 56 Farbfotos, Pappband. ●

Zauberhafte Seidenmalerei
Materialien · Techniken · Gestaltungsvorschläge. (0664) Von E. Dorn, 32 S.,
62 Farbfotos, Pappband. ●

Hobby Seidenmalerei
(0611) Von R. Henge, 88 S., 106 Farbfotos,
28 Zeichnungen, kart. ●●

Hobby Stoffdruck und Stoffmalerei
(0555) Von A. Ursin, 80 S., 68 Farbfotos,
68 Zeichnungen, kart. ●●

Stoffmalerei und Stoffdruck
Materialien · Techniken · Ideen · Modelle
(5074) Von H. Gehring, 64 S., 110 Farbfotos,
Pappband. ●●

Batik
leicht gemacht. Materialien ·Färbetechniken ·
Gestaltungsideen. (5112) Von A. Gast, 64 S.,
105 Farbfotos, Pappband. ●●

Textilfärben
Färben so einfach wie Waschen. (0693) Von
W. Siegrist, P. Schärli, 32 S., 47 Farbfotos,
3 Zeichnungen, Spiralbindung. ●

Kreatives Bilderweben
Materialien – Vorlagen – Motive
(0814) Von A. Schulte-Huxel, 32 S., 58 Farbfotos, 8 Zeichnungen, Pappband. ●

Hobby Applikationen
Materialien · Techniken · Modelle.
(0899) Von H. Probst-Reinhardt, 80 S.,
92 Farbfotos, 31 Zeichnungen, kart. ●●

Flechten
mit Bast, Stroh und Peddigrohr. (5098) Von
H. Hangleiter, 64 S., 47 Farbfotos, 76 Zeichnungen, Pappband. ●●

Makramee
Knüpfarbeiten leicht gemacht. (5075) Von B.
Pröttel, 64 S., 95 Farbfotos, Pappband. ●●

Falken-Handbuch
Nähen
Abc der Nähtechniken und kreative Modell-
schneiderei in ausführlichen Schritt-für-
Schritt-Bildfolgen.
(4272) Von A. Bree, 320 S., 1142 Abbildun-
gen, Schnittmusterbogen für alle Modelle,
Pappband. ●●●●

Falken-Handbuch
Häkeln
ABC der Häkeltechniken und Häkelmuster in
ausführlichen Schritt-für-Schritt-Bildfolgen.
(4194) Von H. Fuchs, M. Natter, 288 S.,
597 Farbfotos, 476 farbige Zeichnungen,
Pappband. ●●●●

Häkeln
Schritt für Schritt für Rechts- und Linkshänder. (5134) Von H. Klaus, 64 S., 120 Farbfotos, 144 Zeichnungen, Pappband. ●●

Klöppeln
Schritt für Schritt leicht gelernt. (0788) Von
U. Seiffer, 32 S., 42 Farb-, 1 s/w-Foto, 25 Zeich-
nungen, mit Klöppelbriefen, Pappband. ●

Sticken
Schritt für Schritt für Rechts- und Linkshänder. (5135) Von U. Werner, 64 S., 196 Farbfotos, 96 Zeichnungen, Pappband. ●●

Die hier vorgestellten Bücher, Videokassetten und Software sind in folgende Preisgruppen unterteilt:

● Preisgruppe bis DM 10,–/S 79,–
●● Preisgruppe über DM 10,– bis DM 20,–
    S 80,– bis S 160,–
●●● Preisgruppe über DM 20,– bis DM 30,–
    S 161,– bis S 240,–
●●●● Preisgruppe über DM 30,– bis DM 50,–
    S 241,– bis S 400,–
●●●●● Preisgruppe über DM 50,–/S 401,–
*(unverbindliche Preisempfehlung)

FALKEN VERLAG

Monogrammstickerei
Mit Vorlagen für Initialen, Vignetten und Ornamente. (5148) Von H. Fuchs, 64 S., 50 Farbfotos, 50 Zeichnungen, Pappband.
●●

Falken-Handbuch
Stricken
ABC der Stricktechniken und Strickmuster in ausführlichen Schritt-für-Schritt-Bildfolgen. (4137) Von M. Natter, 312 S., 106 Farb- und 922 s/w-Fotos, 318 Zeichnungen, Pappband.
●●●●

Bestrickend schöne Ideen
Pullover, Westen, Ensembles, Jacken
(4178) Von R. Weber, 208 S., 220 Farbfotos, 358 Zeichnungen, Pappband. ●●●

Chic in Strick
Neue Pullover
Westen · Jacken · Kleider · Ensembles. (4224) Hrsg. R. Weber, 192 S., 255 Farbabb., Pappband. ●●●

Das moderne Standardwerk von der Expertin
Perfekt Stricken
Mit Sonderteil Häkeln
(4250) Von H. Jaacks, 256 S., 703 Farbfotos, 169 Farb- und 121 s/w-Zeichnungen, Pappband. ●●●

Videokassette Stricken
(6007/VHS, 6008/Video 2000, 6009/Beta). Von P. Krolikowski-Habicht, H. Jaacks, 51 Min., in Farbe. ●●●●*

Stricken
Schritt für Schritt für Rechts- und Linkshänder. (5142) Von S. Oelwein-Schefczik, 64 S., 148 Farbfotos, 173 Zeichnungen, Pappband. ●●

Die schönsten Handarbeiten zum Verschenken
(4225) Von B. Wenzelburger, 128 S., 156 Farbfotos, 70 2-farbige Zeichnungen, Pappband. ●●●●

Kuscheltiere stricken und häkeln
Arbeitsanleitungen und Modelle. (0734) Von B. Wehrle, 32 S., 60 Farbfotos, 28 Zeichnungen, Spiralbindung. ●

Hobby Patchwork und Quilten
(0768) Von B. Staub-Wachsmuth, 80 S., 108 Farbabb., 43 Zeichnungen, kart. ●●

Hobby Spitzencollagen
Bezaubernde Motive aus edlem Material. (0847) Von H. Westphal, 80 S., 186 Farbfotos, kart. ●●

Textiles Gestalten
Weben, Knüpfen, Batiken, Sticken, Objekte und Strukturen. (5123) Von J. Fricke, 136 S., 67 Farb- und 189 s/w-Fotos, 15 Zeichnungen, kart. ●●

Gestalten mit Glasperlen
fädeln · sticken · weben (0640) Von A. Köhler, 32 S., 55 Farbfotos, Spiralbindung. ●

Schmuck, Accessoires und Dekoratives
aus Fimo modelliert
(0873) Von A. Aurich, 32 S., 54 Farbfotos, Pappband. ●

Phantasievolles Schminken
Verzauberte Gesichter für Maskeraden, Laienspiel und Kinderfeste. (0907) Hrsg. von Y. u. H. Nadolny, 64 S., 227 Farbfotos, kart. ●●

Neue zauberhafte Salzteig-Ideen
(0719) Von I. Kiskalt, 80 S., 324 Farbfotos, 12 Zeichnungen, kart. ●●

Hobby Salzteig
(0662) Von I. Kiskalt, 80 S., 150 Farbfotos, 5 Zeichnungen, Schablonen, kart. ●●

Gestalten mit Salzteig
formen · bemalen · lackieren. (0613) Von W.-U. Cropp, 32 S., 56 Farbfotos, 17 Zeichnungen, Pappband. ●

Originell und dekorativ
Salzteig mit Naturmaterialien
(0833) Von A. und H. Wegener, 80 S., 166 Farbfotos, kart. ●●

Buntbemalte Kunstwerke aus Salzteig
Figuren, Landschaften und Wandbilder. (5141) Von G. Belli, 64 S., 165 Farbfotos, 1 Zeichnung, Pappband. ●●

Kreatives Gestalten mit Salzteig
Originelle Motive für Fortgeschrittene. (0769) Hrsg. I. Kiskalt, 80 S., 168 Farbfotos, kart. ●●

Videokassette Salzteig
(6010/VHS, 6011/Video 2000, 6012/Beta) Von I. Kiskalt, Dr. A. Teuchert, in Farbe, ca. 35 Min. ●●●●●*

Tiffany-Spiegel selbermachen
Materialien · Arbeitsanleitung · Vorlagen. (0761) Von R. Thomas, 32 S., 53 Farbfotos, Pappband. ●

Tiffany-Schmuck selbermachen
Materialien · Arbeitsanleitung · Modelle. (0871) Von B. Poludniak, H. W. Scheib, 32 S., 54 Farbfotos, 3 Zeichnungen, Pappband. ●

Tiffany-Lampen selbermachen
Arbeitsanleitung · Materialien · Modelle. (0684) Von I. Spliethoff, 32 S., 60 Farbfotos, Pappband. ●

Hobby Glaskunst in Tiffany-Technik
(0781) Von N. Köppel, 80 S., 194 Farbfotos, 6 s/w-Abb., kart., ●●

Origami –
Die Kunst des Papierfaltens. (0280) Von R. Harbin, 160 S., 633 Zeichnungen, kart. ●

Hobby Origami
Papierfalten für groß und klein. (0756) Von Z. Aytüre-Scheele, 88 S., über 800 Farbfotos, kart. ●●

Neue zauberhafte Origami-Ideen
Papierfalten für groß und klein. (0805) Von Z. Aytüre-Scheele, 80 S., 720 Farbfotos, kart. ●●

Weihnachtsbasteleien
(0667) Von M. Kühnle und S. Beck, 32 S., 56 Farbfotos, 6 Zeichnungen, Pappband. ●

Bastelspaß mit der Laubsäge
Mit Schnittmusterbogen für viele Modelle in Originalgröße. (0741) Von L. Giesche, M. Bausch, 32 S., 61 Farbfotos, 7 Zeichnungen, Schnittmusterbogen, Pappband. ●

Hobby Drachen
bauen und steigen lassen. (0767) Von W. Schimmelpfennig, 80 S., 1 dreiseitige Ausklapptafel, 55 Farbfotos, 139 Zeichnungen, kart. ●●

Falken-Heimwerker-Praxis
Tapezieren
(0743) Von W. Nitschke, 112 S., 186 Farbfotos, 9 Zeichnungen, kart. ●●

Falken-Heimwerker-Praxis
Anstreichen und Lackieren
(0771) Von P. Müller, 120 S., 186 Farbfotos, 2 s/w Fotos, 3 Zeichnungen, kart. ●●

Falken-Heimwerker-Praxis
Fahrrad-Reparaturen
(0796) Von R. van der Plas, 112 S., 140 Farbfotos, 113 farbige Zeichnungen, kart. ●●

Falken-Heimwerker-Praxis
Kleinmöbel aus Holz
(0905) Von O. Maier, 128 S., 210 Farbfotos, 80 Zeichnungen, kart. ●●

Falken-Handbuch
Heimwerken
Reparieren und Selbermachen in Haus und Wohnung – über 1100 Farbfotos. Praktische Tips vom Profi: Selbermachen, Reparieren, Renovieren, Kostensparen. (4117) Von Th. Pochert, 440 S., 1103 Farbfotos. 100 ein- und zweifarbige Abb., Pappband. ●●●●

Feuerzeichen behaglicher Wohnkultur
Kachelöfen, Kamine und Kaminöfen
(4288) Hrsg. von C. Berninghaus. Von R. Heinen, G. Kosicek, H. P. Sabborrosch, 168 S., 291 Farbfotos, 2 s/w-Fotos, 8 Zeichnungen, Pappband. ●●●●●

Restaurieren von Möbeln
Stilkunde, Materialien, Techniken, Arbeitsanleitungen in Bildfolgen. (4120) Von E. Schnaus-Lorey, 152 S., 37 Farbfotos, 75 s/w Fotos, 352 Zeichnungen, Pappband. ●●●●

Möbel aufarbeiten, reparieren und pflegen
(0386) Von E. Schnaus-Lorey, 96 S., 28 Fotos, 101 Zeichnungen, kart. ●●

Vogelhäuschen, Nistkästen, Vogeltränken
mit Plänen und Anleitungen zum Selbstbau. (0695) Von J. Zech, 32 S., 42 Farbfotos, 5 Zeichnungen, Pappband. ●

Strohschmuck selbstgebastelt
Sterne, Figuren und andere Dekorationen (0740) Von E. Rombach, 32 S., 60 Farbfotos, 17 Zeichnungen, Pappband. ●

Das Herbarium
Pflanzen sammeln, bestimmen und pressen. (5113) Von I. Gabriel, 96 S., 140 Farbfotos, Pappband. ●●

Gestalten mit Naturmaterialien
Zweige, Kerne, Federn, Muscheln und anderes. (5128) Von I. Krohn, 64 S., 101 Farbfotos, 11 farbige Zeichnungen, Pappband. ●●

Blütenbilder aus Blumen und Blätter
Phantasievolle Naturcollagen. (0872) Von G. Schamp, 32 S., 57 Farbfotos, 1 Zeichnung, Pappband. ●

Dauergestecke
mit Zweigen, Trocken- und Schnittblumen. (5121) Von G. Vocke, 64 S., 57 Farbfotos, Pappband. ●●

Ikebana
Einführung in die japanische Kunst des Blumensteckens. (0548) Von G. Vocke, 152 S., 47 Farbfotos, kart. ●●

Blumengestecke im Ikebanastil
(5041) Von G. Vocke, 64 S., 37 Farbfotos, viele Zeichnungen, Pappband. ●●

Hobby Trockenblumen
Gewürzsträuße, Gestecke, Kränze, Buketts. (0643) Von R. Strobel-Schulze, 88 S., 170 Farbfotos, kart. ●●

Hobby Gewürzsträuße
und zauberhafte Gebinde nach Salzburger Art. (0726) Von A. Ott, 80 S., 101 Farbfotos, 51 farbige Zeichnungen, kart. ●●

Trockenblumen und Gewürzsträuße
(5084) Von G. Vocke, 64 S., 63 Farbfotos, Pappband. ●●

Arbeiten mit Ton
Töpfern mit und ohne Scheibe. (5048) Von J. Fricke, 128 S., 15 Farbtafeln, 166 s/w-Fotos, kart. ●●

Töpfern
als Kunst und Hobby. (4073) Von J. Fricke, 132 S., 37 Farbfotos, 222 s/w-Fotos, Pappband. ●●●●

Die hier vorgestellten Bücher, Videokassetten und Software sind in folgende Preisgruppen unterteilt:

● Preisgruppe bis DM 10,–/S 79,–
●● Preisgruppe über DM 10,– bis DM 20,– S 80,– bis S 160,–
●●● Preisgruppe über DM 20,– bis DM 30,– S 161,– bis S 240,–
●●●● Preisgruppe über DM 30,– bis DM 50,– S 241,– bis S 400,–
●●●●● Preisgruppe über DM 50,–/S 401,–
*(unverbindliche Preisempfehlung)

FALKEN VERLAG

Die Preise entsprechen dem Status beim Druck dieses

Schöne Sachen modellieren
Originelles aus Cernit – ideenreich gestaltet.
(0762) Von G. Thelen, 32 S., 105 Farbfotos,
Pappband. ●

Porzellanpuppen
Zauberhafte alte Puppen selbst nachbilden.
(5138) Von C. A. und D. Stanton, 64 S.,
58 Farbfotos, 22 Zeichnungen, Pappband.
●●

Zauberhafte alte Puppen
Sammeln · Restaurieren · Nachbilden
(4255) Von C. A. Stanton, J. Jacobs, 120 S.,
157 Farbfotos, 24 Zeichnungen, Pappband.
●●●●

Stoffpuppen
Liebenswerte Modelle selbermachen.
(5150) Von I. Wolff, 56 S., 115 Farbfotos,
15 Zeichnungen, mit Schnittmusterbogen,
Pappband. ●●

Hobby Puppen
Bezaubernde Modelle selbst gestalten. (0742)
Von B. Wenzelburger, 88 S., 163 Farbfotos,
41 Zeichnungen, 11 Schnittmuster, kart. ●●

Puppen und Figuren aus Kunstporzellan
gießen, bemalen und gestalten. (0735) Von
G. Baumgarten, 32 S., 86 Farbfotos,
Pappband. ●

Selbstgestrickte Puppen
Materialien und Arbeitsanleitungen.
(0638) Von B. Wehrle, 32 S., 23 Farbfotos,
24 Zeichnungen, Pappband. ●

Dekorative Rupfenpuppen
Arbeitsanleitungen und Gestaltungsvorschläge. (0733) Von B. Wenzelburger, 32 S.,
57 Farbfotos, 14 Zeichnungen, Spiralbindung.
●

Phantasiepuppen stricken und häkeln
Märchenhafte Modelle mit Arbeitsanleitungen. (0813) Von B. Wehrle, 32 S., 26 Farbfotos, 30 einfarbige und 16 dreifarbige Zeichnungen, Pappband. ●

Heißgeliebte Teddybären
Selbermachen · Sammeln · Restaurieren.
(0900) Von H. Nadolny, Y. Thalheim, 80 S.,
119 Farbfotos, 23 s/w-Zeichnungen, 14 S.
Schnittmusterbogen, kart. ●●

Schritt für Schritt zum bunten Scherenschnitt
Materialien · Techniken · Gestaltungsvorschläge. (0732) Von H. Klingmüller, 32 S.,
38 Farbfotos, 4 Vorlagen, Pappband. ●

Garagentore selbst bemalt
Techniken und Motive. (0786) Von H. u. Y.
Nadolny, 32 S., 24 Farbfotos, 12 s/w-Zeich-
nungen, Pappband. ●

Alle Jahre wieder...
Advent und Weihnachten
Basteln – Backen – Schmücken – Singen –
Vorlesen – Feiern
(4260) Von H. und Y. Nadolny, 256 S.,
105 Farbfotos, 130 Zeichnungen, Pappband.
●●●

Freizeit

Aktfotografie
Interpretationen zu einem unerschöpflichen
Thema.
Gestaltung · Technik · Spezialeffekte. (0737)
Von H. Wedewardt, 144 S., 144 Farb- und
6 s/w-Fotos, 6 Zeichnungen, kart. ●●

Videokassette Aktfotografie
Laufzeit ca. 60 Min. In Farbe. (6001/VHS,
6002/Video 2000, 6003/Beta) ●●●●●*

So macht man bessere Fotos
Das meistverkaufte Fotobuch der Welt.
(0614) Von M. L. Taylor, 192 S., 457 Farbfotos, 15 Abb., kart. ●●

Falken-Handbuch **Trickfilmen**
Flach-, Sach- und Zeichentrickfilme – von der
Idee zur Ausführung. (4131) Von H.-D. Wil-
den, 144 S., über 430 überwiegend farbige
Abb., Pappband. ●●●●

Schmalfilmen
Ausrüstung · Aufnahmepraxis · Schnitt · Ton.
(0342) Von U. Ney, 108 S., 4 Farbtafeln,
25 s/w-Fotos, kart. ●

Schmalfilme selbst vertonen
(0593) Von U. Ney, 96 S., 57 s/w-Fotos,
14 Zeichnungen, kart. ●

Fotografie – Das Schöne als Ziel
Zur Ästhetik und Psychologie der visuellen
Wahrnehmung. (4122) Von E. Stark, 208 S.,
252 Farbfotos, 63 Zeichnungen, Ganzleinen.
●●●●●

Videografieren
Filmen mit Video 8
Technik – Bildgestaltung – Schnitt – Vertonung. (0843) Von M. Wild und K. Möller,
120 S., 101 Farbfotos, 22 s/w-Fotos,
52 Zeichnungen, kart. ●●

Videokassette
Videografieren
Filmen mit Video 8
Technik – Bildgestaltung – Schnitt –
Vertonung. (6032) VHS, (6033) Beta,
(6034) Sony 8 mm, von M. Wild, 60 Min.,
in Farbe. ●●●●●*

Ferngelenkte Motorflugmodelle
bauen und fliegen. (0400) Von W. Thies,
184 S., mit Zeichnungen und Detailplänen,
kart. ●●

Flugmodelle
bauen und einfliegen. (0361) Von W. Thies
und W. Rolf, 160 S., 63 Abb., 7 Faltpläne,
kart. ●●

Kleine Welt auf Rädern
Das faszinierende Spiel mit **Modelleisenbahnen** (4175) Von F. Eisen, 256 S., 72 Farb-
und 180 s/w-Fotos, 25 Zeichnungen,
Pappband. ●●●

Modelleisenbahnen im Freien
Mit Volldampf durch den Garten. (4245) Von
F. Eisen, 96 S., 115 Farb-, 4 s/w-Fotos,
5 Zeichnungen, Pappband. ●●●

Videokassette
Die Modelleisenbahn
Anlagenbau in Modultechnik.
Neue kreative Gestaltung.
Neue raffinierte Techniken.
(6028) VHS, (6029) Video 2000,
(6030) Beta, von J. Grahn, 30 Min., in Farbe.
●●●●*

Die Super-Eisenbahnen der Welt
(4287) Von W. Kosak, H. G. Isenberg, 224 S.,
269 Farbfotos, 79 s/w-Fotos, 8 Vignetten,
5 farb. Ausklapptafeln, Pappband. ●●●●

Raketen auf Rädern
Autos und Motorräder an der Schallgrenze
(4220) Von H. G. Isenberg, 96 S., 112 Farbfotos, 21 s/w-Fotos, Pappband. ●●●

Die rasantesten Rallyes der Welt
(4213) Von H. G. Isenberg und D. Maxeiner,
96 S., 116 Farbfotos, Pappband. ●●●

Trucks
Giganten der Landstraßen in aller Welt.
(4222) Von H. G. Isenberg, 96 S., 131 Farbfotos, Pappband. ●●●

Die Super-Trucks der Welt
(4257) Von H. G. Isenberg, 194 S., 205 Farbfotos, 87 s/w-Fotos, 7 Farbzeichnungen,
4 Ausklapptafeln, Pappband. ●●●●

Ferngelenkte Elektroflugmodelle
bauen und fliegen. (0700) Von W. Thies, 144 S.,
52 s/w-Fotos, 50 Zeichnungen, kart. ●●

Schiffsmodelle
selber bauen. (0500) Von D. und R. Lochner,
200 S., 93 Zeichnungen, 2 Faltpläne, kart. ●●

Dampflokomotiven
(4204) Von W. Jopp, 96 S., 134 Farbfotos,
Pappband. ●●●

Ferngelenkte Segelflugmodelle
bauen und fliegen. (0446) Von W. Thies, 176 S.,
22 s/w-Fotos, 115 Zeichnungen, kart. ●●

Motorrad-Hits
Chopper, Tribikes, Heiße Öfen. (4221) Von H.
G. Isenberg, 96 S., 119 Farbfotos, Pappband.
●●●

Die Super-Motorräder der Welt
(4193) Von H. G. Isenberg, 192 S., 170 Farb-
und 100 s/w-Fotos, 8 Zeichnungen,
Pappband. ●●●●

Motorrad-Faszination
Heiße Öfen, von denen jeder träumt.
(4223) Von H. G. Isenberg, 96 S., 103 Farb-
und 20 s/w-Fotos, Pappband. ●●●

Münzen
Ein Brevier für Sammler. (0353) Von
E. Dehnke, 128 S., 4 Farbtafeln, 17 s/w-Abb.,
kart. ●

Astronomie als Hobby
Sternbilder und Planeten erkennen und
benennen. (0572) Von D. Block, 176 S.,
16 Farbtafeln, 49 s/w-Fotos, 93 Zeichnungen, kart. ●●

Astronomie im Bild
Unser Sternenhimmel rund ums Jahr
(0849) Von Dr. E. Übelacker, 88 S., 48 Farbfotos, 1 s/w-Foto, 68 Farbzeichnungen, kart.
●●

Gitarre spielen
Ein Grundkurs für den Selbstunterricht.
(0534) Von A. Roßmann, 96 S., 1 Schallfolie,
150 Zeichnungen, kart. ●●●

Falken-Handbuch **Zaubern**
Über 400 verblüffende Tricks. (4063) Von F.
Stutz, 368 S., 1200 Zeichnungen, Pappband.
●●●●

Zaubertricks für jedermann
(0282) Von J. Merlin, 176 S., 113 Abb., kart.
●●

Zaubern
einfach – aber verblüffend. (2018) Von
D. Buoch, 84 S., 41 Zeichnungen, kart. ●

Magische Zaubereien
(0672) Von W. Widenmann, 64 S., 31 Zeichnungen, kart. ●

Die hier vorgestellten Bücher, Videokassetten und Software sind in folgende Preisgruppen unterteilt:

●   Preisgruppe bis   DM 10,– /S 79,–
●● Preisgruppe über DM 10,– bis DM 20,–
                 S 80,– bis S 160,–

●●● Preisgruppe über DM 20,– bis DM 30,–
             S 161,– bis S 240,–

●●●● Preisgruppe über DM 30,– bis DM 50,–
              S 241,– bis S 400,–
●●●●● Preisgruppe über DM 50,– /S 401,–
*(unverbindliche Preisempfehlung)

Mit vollem Genuß
Pfeife rauchen
Alles über Tabaksorten, Pfeifen und Zubehör.
(4227) Von H. Behrens, H. Frickert, 168 S.,
127 Farbfotos, 18 Zeichnungen, Pappband.
●●●●└

Mineralien, Steine und Fossilien
Grundkenntnisse für Hobby-Sammler. (0437)
Von D. Stobbe, 96 S., 16 Farbtafeln, 14 s/w-
Fotos, 10 Zeichnungen, kart. ●

Freizeit mit dem Mikroskop
(0291) Von M. Deckart, 132 S., 8 Farbtafeln,
64 s/w Abb., 2 Zeichnungen, kart. ●

Die Faszination der Philatelie
Briefmarken sammeln
(4273) Von D. Stein, 212 S., 124 s/w-Fotos,
24 Farbtafeln, Pappband. ●●●

Briefmarken
sammeln für Anfänger. (0481) Von D. Stein,
120 S., 4 Farbtafeln, 98 s/w-Abb., kart. ●

Wir lernen tanzen
Standard- und lateinamerikanische Tänze.
(0200) Von E. Fern, 168 S., 118 s/w-Fotos,
47 Zeichnungen, kart. ●

Fit mit **Tanzen**
(2303) Von K. Richter, H. Kleinow, 88 S.,
94 Farbfotos, kart. ●

So tanzt man Rock'n'Roll
Grundschritte · Figuren · Akrobatik.
(0573) Von W. Steuer und G. Marz, 224 S.,
303 Abb., kart. ●●

Tanzen überall
Discofox, Rock'n'Roll, Blues, Langsamer
Walzer, Cha-Cha-Cha zum Selberlernen.
(0760) Von H. M. Pritzer, 112 S., 128 Farbfotos, kart. ●●

Videokassette Tanzen überall
Discofox, Rock'n'Roll, Blues. (6004/VHS,
6005/Video 2000, 6006/Beta) Von
H. M. Pritzer, G. Steinheimer, in Farbe,
ca. 45 Min. ●●●●●*

Anmutig und fit durch
Bauchtanz
(0911) Von Marta, 120 S., 229 Farbfotos,
6 s/w-Zeichnungen, kart. ●●

Schwarzwald-Romantik
Vom Zauber einer deutschen Landschaft.
(4232) Hrsg. A. Rolf, 184 S., 273 Farbfotos,
Pappband. ●●●

Sport

ZDF Sportjahr '87
Rekorde, Siege, Schicksale, Ergebnisse,
Termine '88
(4290) Hrsg. von B. Heller, 192 S., 278 Farb-
und 4 s/w-Fotos, kart. ●●

Judo
Grundlagen des Stand- und Bodenkampfes.
(4013) Von W. Hofmann, 244 S., 589 Fotos,
Pappband. ●●●

Neue Lehrmethoden der Judo-Praxis
(0424) Von P. Herrmann, 223 S., 475 Abb.,
kart. ●●

Judo
Grundlagen – Methodik. (0305) Von M. Ohgo,
208 S., 1025 Fotos, kart. ●●

Fußwürfe
für Judo, Karate und Selbstverteidigung.
(0439) Von H. Nishioka, 96 S., 260 Abb.,
kart. ●

Modernes Karate
Das große Standardwerk mit 2229 Abbildungen. (4280) Von T. Okazaki, Dr. med. M. V.
Stricevic, übers. von M. Pabst, 376 S.,
2279 Abbildungen, Pappband. ●●●●●

Karate für alle
Karate-Selbstverteidigung in Bildern. (0314)
Von A. Pflüger, 112 S., 356 s/w-Fotos, kart. ●

Karate für Frauen und Mädchen
Sport und Selbstverteidigung. (0425) Von A.
Pflüger, 168 S., 259 s/w-Fotos, kart. ●●

Nakayamas Karate perfekt 1
Einführung. (0487) Von M. Nakayama,
136 S., 605 s/w-Fotos, kart. ●●

Nakayamas Karate perfekt 2
Grundtechniken. (0512) Von M. Nakayama,
136 S., 354 s/w-Fotos, 53 Zeichnungen, kart.
●●

Nakayamas Karate perfekt 3
Kumite 1: Kampfübungen. (0538) Von
M. Nakayama, 128 S., 424 s/w-Fotos, kart.
●●

Nakayamas Karate perfekt 4
Kumite 2: Kampfübungen. (0547) Von
M. Nakayama, 128 S., 394 s/w-Fotos, kart.
●●

Nakayamas Karate perfekt 5
Kata 1: Heian, Tekki. (0571) Von
M. Nakayama, 144 S., 1229 s/w-Fotos, kart.
●●

Nakayamas Karate perfekt 6
Kata 2: Bassai-Dai, Kanku-Dai. (0600) Von
M. Nakayama, 144 S., 1300 s/w-Fotos,
107 Zeichnungen, kart. ●●

Nakayamas Karate perfekt 7
Kata 3: Jitte, Hangetsu, Empi. (0618) Von
M. Nakayama, 144 S., 1988 s/w-Fotos,
105 Zeichnungen, kart. ●●

Nakayamas Karate perfekt 8
Gankaku, Jion. (0650) Von M. Nakayama,
144 S., 1174 s/w-Fotos, 99 Zeichnungen, kart.
●●

Kontakt-Karate
Ausrüstung · Technik · Training. (0396) Von A.
Pflüger, 112 S., 238 s/w-Fotos, kart. ●●

Karate-Do
Das Handbuch des modernen Karate. (4028)
Von A. Pflüger, 360 S., 1159 Abb., Pappband.
●●●●

Bo-Karate
Kukishin-Ryu – die Techniken des Stock-
kampfes. ((0447) Von G. Stiebler, 176 S.,
424 s/w-Fotos, 38 Zeichnungen, kart. ●●

Karate I
Einführung · Grundtechniken. (0227) Von A.
Pflüger, 148 S., 195 s/w-Fotos, 120 Zeichnun-
gen, kart. ●

Karate II
Kombinationstechniken · Katas. (0239) Von
A. Pflüger, 176 S., 452 s/w-Fotos und Zeich-
nungen, kart. ●

Karate Kata 1
Heian 1-5, Tekki 1, Bassai Dai. (0683) Von
W.-D. Wichmann, 164 S., 703 s/w-Fotos,
kart. ●●

Karate Kata 2
Jion, Empi, Kanku-Dai, Hangetsu.
(0723) Von W.-D. Wichmann, 140 S.,
661 s/w-Fotos, 4 Zeichnungen, kart. ●●

25 Shotokan-Katas
Auf einen Blick: Karate-Katas für Prüfungen
und Wettkämpfe. (0859) Von A. Pflüger,
88 S., 185 s/w-Abbildungen, 26 ganzseitige
Tafeln mit über 1.600 Einzelschritten, kart.
●●

Videokassette Karate
Einführung und Grundtechniken.
(6037/VHS) Von A. Pflüger, ca. 45 Min.,
in Farbe, ●●●●●*

Ninja 1
Die Lehre der Schattenkämpfer. (0758) Von
S. K. Hayes, 144 S., 137 s/w-Fotos, kart. ●●

Ninja 2
Die Wege zum Shoshin (0763) Von
S. K. Hayes, 160 S., 309 s/w-Fotos, kart. ●●

Ninja 3
Der Pfad des Togakure-Kämpfers. (0764) Von
S. K. Hayes, 144 S., 197 s/w-Fotos, 2 Zeich-
nungen, kart. ●●

Ninja 4
Das Vermächtnis der Schattenkämpfer.
(0807) Von S. K. Hayes, 196 S., 466 s/w-
Fotos, kart. ●●

Der König des Kung-Fu
Bruce Lee
Sein Leben und Kampf. (0392) Von seiner
Frau Linda. 136 S., 104 s/w-Fotos, kart. ●●

Bruce Lees Kampfstil 1
Grundtechniken. (0473) Von B. Lee und M.
Uyehara, 109 S., 220 Abb., kart. ●

Bruce Lees Kampfstil 2
Selbstverteidigungs-Techniken. (0486) Von B.
Lee und M. Uyehara, 128 S., 310 Abb., kart. ●

Bruce Lees Kampfstil 3
Trainingslehre. (0503) Von B. Lee und
M. Uyehara, 112 S., 246 Abb., kart. ●

Bruce Lees Kampfstil 4
Kampftechniken. (0523) Von B. Lee und
M. Uyehara, 104 S., 211 Abb., kart. ●

Bruce Lees Jeet Kune Do
(0440) Von B. Lee, 192 S., mit 105 eigenhän-
digen Zeichnungen von B. Lee, kart. ●●

Ju-Jutsu 1
Grundtechniken – Moderne Selbstverteidigung. (0276) Von W. Heim und F. J. Gresch,
164 S., 450 s/w-Fotos, 8 Zeichnungen, kart.
●●

Ju-Jutsu 2
für Fortgeschrittene und Meister. (0378) Von
W. Heim und F. J. Gresch, 164 S., 798 s/w-
Fotos, kart. ●●

Ju-Jutsu 3
Spezial-, Gegen- und Weiterführungs-Techni-
ken. (0485) Von W. Heim und F. J. Gresch,
214 S., über 600 s/w-Fotos, kart. ●●

Ju-Jutsu als Wettkampf
(0826) Von G. Kulot, 168 S., 418 s/w-Fotos,
2 Zeichnungen, kart. ●●

Nunchaku
Waffe · Sport · Selbstverteidigung. (0373)
Von A. Pflüger, 144 S., 247 Abb., kart. ●●

Shuriken · Tonfa · Sai
Stockfechten und andere bewaffnete Kampf-
sportarten aus Fernost. (0397) Von A. Schulz,
96 S., 253 s/w-Fotos, kart. ●●

**Illustriertes Handbuch des
Taekwondo**
Koreanische Kampfkunst und Selbstverteidi-
gung. (4053) Von K. Gil, 248 S., 1026 Abb.,
Pappband. ●●●

Taekwon-Do
Koreanischer Kampfsport. (0347) Von K. Gil,
152 S., 408 Abb., kart. ●●

Die hier vorgestellten Bücher, Videokassetten und Software sind in folgende Preisgruppen unterteilt:

● Preisgruppe bis DM 10,–/S 79,–
●● Preisgruppe über DM 10,– bis DM 20,–
   S 80,– bis S 160,–

●●● Preisgruppe über DM 20,– bis DM 30,–
   S 161,– bis S 240,–

●●●● Preisgruppe über DM 30,– bis DM 50,–
   S 241,– bis S 400,–
●●●●● Preisgruppe über DM 50,–/S 401,–
*(unverbindliche Preisempfehlung)

FALKEN VERLAG

Die Preise entsprechen dem Status beim Druck dieses

Taekwondo perfekt 1
Die Formenschule bis zum Blaugurt.
(0890) Von K. Gil, Kim Chul-Hwan, 176 S.,
439 s/w-Fotos, 107 Zeichnungen, kart. ●●

Aikido
Lehren und Techniken des harmonischen
Weges. (0537) Von R. Brand, 280 S.,
697 Abb., kart. ●

Kung-Fu und Tai-Chi
Grundlagen und Bewegungsabläufe. (0367)
Von B. Tegner, 182 S., 370 s/w-Fotos, kart.
●●

Kung-Fu
Theorie und Praxis klassischer und moderner
Stile. (0376) Von M. Pabst, 160 S., 330 Abb.,
kart. ●●

Shaolin-Kempo – Kung-Fu
Chinesisches Karate im Drachenstil. (0395)
Von R. Czerni und K. Konrad. 246 S.,
723 Abb., kart. ●●

Hap Ki Do
Grundlagen und Techniken koreanischer
Selbstverteidigung. (0379) Von Kim Sou
Bong, 112 S., 153 Abb., kart. ●●

Dynamische Tritte
Grundlagen für den Zweikampf. (0438) Von
C. Lee, 96 S., 398 s/w-Fotos, 10 Zeichnun-
gen, kart. ●

Kickboxen
Fitneßtraining und Wettkampfsport.
(0795) Von G. Lemmens, 96 S., 208 s/w-
Fotos, 23 Zeichnungen, kart. ●●

Selbstverteidigung
Abwehrtechniken für Sie und Ihn
(0853) Von E. Deser, 96 S., 259 s/w-Fotos,
kart. ●

Muskeltraining mit Hanteln
Leistungssteigerung für Sport und Fitness.
(0676) Von H. Schulz, 108 S., 92 s/w-Fotos,
2 Zeichnungen, kart. ●

Leistungsfähiger durch Krafttraining
Eine Anleitung für Fitness-Sportler, Trainer
und Athleten (0617) Von W. Kieser, 100 S.,
20 s/w-Fotos, 62 Zeichnungen, kart. ●

Die Faszination athletischer Körper
Bodybuilding
mit Weltmeister Ralf Möller
(4281) Von R. Möller, 128 S., 169 Farbfotos,
14 s/w-Fotos, 1 Farbzeichnung, Pappband.
●●●●

Bodybuilding
Anleitung zum Muskel- und Konditionstrai-
ning für sie und ihn. (0604) Von R. Smolana.
160 S., 171 s/w-Fotos, kart. ●

Hanteltraining für Hause
(0800) Von W. Kieser, 80 S., 71 s/w-Fotos,
4 Zeichnungen, kart. ●

Fit und gesund
Körpertraining und Bodybuilding zu Hause.
(0782) Von H. Schulz, 80 S., 100 Farbfotos,
3 Zeichnungen, kart. ●●

Videokassette **Fit und gesund**
VHS (6013), Video 2000 (6014), Beta (6015),
Laufzeit 30 Minuten, in Farbe. ●●●●*

Bodybuilding für Frauen
Wege zu Ihrer Idealfigur (0661) Von
H. Schulz, 108 S., 84 s/w-Fotos, 4 Zeichnun-
gen, kart. ●

Isometrisches Training
Übungen für Muskelkraft und Entspannung.
(0529) Von L. M. Kirsch, 140 S., 162 s/w-
Fotos, kart. ●

Spaß am Laufen
Jogging für die Gesundheit. (0470) Von
W. Sonntag, 140 S., 41 s/w-Fotos, 1 Zeich-
nung, kart. ●

Mein bester Freund, der Fußball
(5107) Von D. Brüggemann und D. Albrecht,
144 S., 171 Abb., kart. ●●

Fußball
Training und Wettkampf. (0448) Von H.
Obermann und P. Walz, 96 S., 92 s/w-Fotos,
15 Zeichnungen, 29 Diagramme, kart. ●●

Handball
Technik · Taktik · Regeln. (0426) Von
F. und P. Hattig, 128 S., 91 s/w-Fotos,
121 Zeichnungen, kart. ●●

Fit mit **Volleyball**
(2302) Von Dr. A. Scherer, 104 S., 27 Farb-
und 1 s/w-Foto, 12 Farb- und 29 s/w-Zeich-
nungen, kart. ●

Volleyball
Technik · Taktik · Regeln. (0351) Von H. Huhle,
104 S., 330 Abb., kart. ●●

Hockey
Technische und taktische Grundlagen.
(0398) Von H. Wein, 152 S., 60 s/w-Fotos,
30 Zeichnungen, kart. ●●

Eishockey
Lauf- und Stocktechnik, Körperspiel, Taktik,
Ausrüstung und Regeln, (0414) Von J. Čapla,
264 S., 548 s/w-Fotos, 163 Zeichnungen,
kart. ●●

Badminton
Technik · Taktik · Training.
(0699) Von K. Fuchs, L. Sologub, 168 S.,
51 Abb., kart., ●●

Golf
Ausrüstung · Technik · Regeln. (0343) Von J.
C. Jessop, übersetzt von H. Biemer, mit einem
Vorwort von H. Krings, Präsident des
Deutschen Golf-Verbandes, 160 S., 65 Abb.,
Anhang Golfregeln des DGV, kart. ●●

Pool-Billard
(0484) Herausgegeben vom Deutschen Pool-
Billard-Bund, von M. Bach und K.-W. Kühn,
88 S., mit über 80 Abb., kart. ●

Sportschießen
für jedermann. (0502) Von A. Kovacic, 124 S.,
116 s/w-Fotos, kart. ●●

Fechten
Florett · Degen · Säbel. (0449) Von E. Beck,
88 S., 185 Fotos, 10 Zeichnungen, kart. ●●

Fibel für Kegelfreunde
Sport- und Freizeitkegeln · Bowling. (0191)
Von G. Bocsai, 72 S., 62 Abb., kart. ●

Beliebte und neue Kegelspiele
(0271) Von G. Bocsai, 92 S., 62 Abb., kart. ●

111 spannende Kegelspiele
(2031) Von H. Regulski, 88 S., 53 Zeichnungen, kart., ●

Ski-Gymnastik
Fit für Piste und Loipe. (0450) Von H. Pilss-
Samek, 104 S., 67 s/w-Fotos, 20 Zeichnun-
gen, kart. ●

Die neue Skischule
Ausrüstung · Technik · Trickslauf · Gymnastik. (0369) Von C. und R. Kerler, 128 S.,
100 Abb., kart. ●

Skilanglauf, Skiwandern
Ausrüstung · Technik · Skigymnastik.
(5129) Von T. Reiter und R. Kerler, 80 S.,
8 Farbtafeln, 85 Zeichnungen und s/w-Fotos,
kart. ●●

Alpiner Skisport
Ausrüstung · Techniken · Skigymnastik.
(5130) Von K. Meßmann, 128 S., 8 Farbtafeln, 93 s/ w-Fotos, 45 Zeichnungen,
kart. ●●

Die neue Tennis-Praxis
Der individuelle Weg zu erfolgreichem Spiel.
(4097) Von R. Schönborn, 240 S., 202 Farbzeichnungen, 31 s/w-Abb., Pappband. ●●●●

Erfolgreiche Tennis-Taktik
(4086) Von R. Ford Greene, übersetzt von
M. R. Fischer, 182 S., 87 Abb., kart. ●●

Moderne Tennistechnik
(4187) Von G. Lam, 192 S., 339 s/w-Fotos,
91 Zeichnungen, kart. ●●●

Tennis kompakt
Der erfolgreiche Weg zu Spiel, Satz und Sieg.
(5116) Von W. Taferner, 128 S., 82 s/w-Fotos,
67 Zeichnungen, kart. ●●

Tennis
Technik · Taktik · Regeln. (0375) Von
H. Elschenbroich, 112 S., 81 Abb., kart. ●●

Tischtennis-Technik
Der individuelle Weg zu erfolgreichem Spiel.
(0775) Von M. Perger, 144 S., 296 Abb. kart. ●

Squash
Ausrüstung · Technik · Regeln. (0539) Von
D. von Horn und H.-D. Stünitz, 96 S.,
55 s/w-Fotos, 25 Zeichnungen, kart. ●

Sporttauchen
Theorie und Praxis des Gerätetauchens.
(0647) Von S. Müßig, 144 S., 8 Farbtafeln,
35 s/w-Fotos, 89 Zeichnungen, kart., ●●

Windsurfing
Lehrbuch für Grundschein und Praxis.
(5028) Von C. Schmidt, 64 S., 60 Farbfotos,
Pappband. ●●

Segeln
Der neue Grundschein – Vorstufe zum
A-Schein – Mit Prüfungsfragen. (5147) Von
C. Schmidt, 80 S., 8 Farbtafeln, 18 Farbfotos,
82 Zeichnungen, kart., ●●

Sportfischen
Fische – Geräte – Technik. (0324) Von
H. Oppel, 144 S., 49 s/w-Fotos, 8 Farbtafeln,
kart.

Falken-Handbuch
Angeln
in Binnengewässern und im Meer. (4090) Von
H. Oppel, 344 S., 24 Farbtafeln, 66 s/w-
Fotos, 151 Zeichnungen, gebunden. ●●●●

Angeln
Kleine Fibel für den Sportfischer. (0198) Von
E. Bondick, 96 S., 116 Abb., kart. ●

Einführung in das Schachspiel
(0104) Von W. Wollenschläger und K. Colditz,
92 S., 116 Diagramme, kart. ●

Schach mit dem Computer
(0747) Von D. Frickenschmidt, 140 S.,
112 Diagramme, 29 s/w-Fotos, 5 Zeichnungen, kart. ●●

Spielend Schach lernen
(2002) Von T. Schuster, 128 S., kart. ●

Kinder- und Jugendschach
Offizielles Lehrbuch des Deutschen Schach-
bundes zur Erringung der Bauern-, Turm- und
Königsdiplome. (0561) Von B. J. Withuis und
H. Pfleger, 144 S., 220 Zeichnungen u. Dia-
gramme, kart. ●●

Die hier vorgestellten Bücher, Videokassetten und Software sind in folgende Preisgruppen unterteilt:

● Preisgruppe bis DM 10,– /S 79,–
●● Preisgruppe über DM 10,– bis DM 20,–
    S 80,– bis S 160,–
●●● Preisgruppe über DM 20,– bis DM 30,–
     S 161,– bis S 240,–
●●●● Preisgruppe über DM 30,– bis DM 50,–
      S 241,– bis S 400,–
●●●●● Preisgruppe über DM 50,– /S 401,–
*(unverbindliche Preisempfehlung)

FALKEN VERLAG

Neue Schacheröffnungen
(0478) Von T. Schuster, 108 S., 100 Diagramme, kart. ●

Schach für Fortgeschrittene
Taktik und Probleme des Schachspiels.
(0219) Von R. Teschner, 96 S., 85 Diagramme, kart. ●

Taktische Schachendspiele
(0752) Von J. Nunn, 200 S., 151 Diagramme, kart. ●

Schach-WM '85 Karpow – Kasparow.
Mit ausführlichen Kommentaren zu allen Partien. (0785) Von H. Pfleger, O. Borik, M. Kipp-Thomas, 128 S., zahlreiche Abb. und Diagramme, kart. ●●

Die Schach-Revanche
Kasparow/Karpow 1986. (0831) Von O. Borik, H. Pfleger, M. Kipp-Thomas, 144 S., 19 s/w-Fotos, 72 Diagramme, kart. ●●

Schachstrategie
Ein Intensivkurs mit Übungen und ausführlichen Lösungen. (0584) Von A. Koblenz, dt. Bearb. von K. Colditz, 212 S., 240 Diagramme, kart. ●●

Falken-Handbuch **Schach**
(4051) Von T. Schuster, 360 S., über 340 Diagramme, gebunden. ●●●●

Die besten Partien deutscher Schachgroßmeister
(4121) Von H. Pfleger, 192 S., 29 s/w-Fotos, 89 Diagramme, Pappband. ●●●

Turnier der Schachgroßmeister '83
Karpow · Hort · Browne · Miles · Chandler · Garcia · Rogers · Kindermann.
(0718) Von H. Pfleger, E. Kurz, 176 S., 29 s/w-Fotos, 71 Diagramme, kart. ●

Lehr-, Übungs- und Testbuch der Schachkombinationen
(0649) Von K. Colditz, 184 S., 227 Diagramme, kart. ●●

Offizielles Lehrbuch des Deutschen Schachbundes
Das systematische Schachtraining
Trainingsmethoden, Strategien und Kombinationen. (0857) Von Sergiu Samarian, 152 S., 159 Diagramme, kart. ●●

So denkt ein Schachmeister
Strategische und taktische Analysen.
(0915) Von H. Pfleger, G. Treppner, 120 S., 75 Diagramme, kart. ●●

FALKEN-SOFTWARE
Das komplette Schachprogramm
Spielen, Trainieren, Problemlösen mit dem Computer. (7006) Von J. Egger, Diskette für C 64, C 128 PC, mit Begleitheft. ●●●●●*

Zug um Zug
Schach für jedermann 1
Offizielles Lehrbuch des Deutschen Schachbundes zur Erringung des Bauerndiploms.
(0648) Von H. Pfleger und E. Kurz, 80 S., 24 s/w-Fotos, 8 Zeichnungen, 60 Diagramme, kart. ●

Zug um Zug
Schach für jedermann 2
Offizielles Lehrbuch des Deutschen Schachbundes zur Erringung des Turmdiploms.
(0659) Von H. Pfleger und E. Kurz, 132 S., 8 s/w-Fotos, 14 Zeichnungen, 78 Diagramme, kart. ●

Zug um Zug
Schach für jedermann 3
Offizielles Lehrbuch des Deutschen Schachbundes zur Erringung des Königdiploms.
(0728) Von H. Pfleger, G. Treppner, 128 S., 4 s/w-Fotos, 84 Diagramme, 10 Zeichnungen, kart. ●

Schachtraining mit den Großmeistern
(0670) Von H. Bouwmeester, 128 S., 90 Diagramme, kart. ●●

Schach als Kampf
Meine Spiele und mein Weg. (0729) Von G. Kasparow, 144 S., 95 Diagramme, 9 s/w-Fotos, kart. ●●

Helmut Pflegers
Schachkabinett
Amüsante Aufgaben – überraschende Lösungen. (0877) Von H. Pfleger, 160 S., 118 Diagramme, kart. ●●

Spiele, Denksport, Unterhaltung

Kartenspiele
(2001) Von C. D. Grupp, 144 S., kart. ●

Neues Buch der siebzehn und vier Kartenspiele
(0095) Von K. Lichtwitz, 96 S., kart. ●

Alles über Pokern
Regeln und Tricks. (2024) Von C. D. Grupp, 112 S., 29 Kartenbilder, kart. ●

Rommé und Canasta
in allen Variationen. (2025) Von C. D. Grupp, 124 S., 24 Zeichnungen, kart. ●

Schafkopf, Doppelkopf, Binokel, Cego, Gaigel, Jaß, Tarock und andere „Lokalspiele".
(2015) Von C. D. Grupp, 152 S., kart. ●●

Spielend Skat lernen
unter freundlicher Mitarbeit des Deutschen Skatverbandes. (2005) Von Th. Krüger, 156 S., 181 s/w-Fotos, 22 Zeichnungen, kart. ●

Das Skatspiel
Eine Fibel für Anfänger. (0206) Von K. Lehnhoff, überarb. von P.A. Höfges, 96 S., kart. ●

Black Jack
Regeln und Strategien des Kasinospiels.
(2032) Von K. Kelbratowski, 88 S., kart. ●

Falken-Handbuch **Patiencen**
Die 111 interessantesten Auslagen. (4151) Von U. v. Lyncker, 216 S., 108 Abbildungen, Pappband. ●●●

Patiencen
in Wort und Bild. (2003) Von I. Wolter, 136 S., kart. ●

Neue Patiencen
(2036) Von H. Sosna, 160 S., 43 Farbtafeln, kart. ●●

Falken-Handbuch **Bridge**
Von den Grundregeln zum Turnierspiel.
(4092) Von W. Voigt und K. Ritz, 276 S., 792 Zeichnungen, gebunden. ●●●●

Spielend Bridge lernen
(2012) Von J. Weiss, 108 S., 58 Zeichnungen, kart. ●

Spieltechnik im Bridge
(2004) Von V. Mollo und N. Gardener, deutsche Adaption von D. Schröder, 216 S., kart. ●●

Besser Bridge spielen
Reiztechnik, Spielverlauf und Gegenspiel.
(2026) Von J. Weiss, 144 S., 60 Diagramme, kart. ●●

Herausforderung im Bridge
200 Aufgaben mit Lösungen. (2033) Von V. Mollo, 152 S., kart. ●●

Präzisions-Treff im Bridge
(2037) Von E. Jannersten, 152 S., kart. ●●

Kartentricks
(2010) Von T. A. Rosee, 80 S., 13 Zeichnungen, kart. ●

Mah-Jongg
Das chinesische Glücks-, Kombinations- und Gesellschaftsspiel. (2030) Von U. Eschenbach, 80 S., 30 s/w-Fotos, 5 Zeichnungen, kart. ●

Neue Kartentricks
(2027) Von K. Pankow, 104 S., 20 Abb., kart. ●

Backgammon
für Anfänger und Könner. (2008) Von G. W. Fink und G. Fuchs, 116 S., 41 Abb., kart. ●

Würfelspiele
für jung und alt. (2007) Von F. Pruss, 112 S., 21 s/w-Zeichnungen, kart. ●

Gesellschaftsspiele
für drinnen und draußen. (2006) Von H. Görz, 128 S., kart. ●

Spiele für Party und Familie
(2014) Von Rudi Carrell, 160 S., 50 Abb., kart. ●

Das japanische Brettspiel Go
(2020) Von W. Dörholt, 104 S., 182 Diagramme, kart. ●

Roulette richtig gespielt
Systemspiele, die Vermögen brachten.
(0121) Von M. Jung, 96 S., zahlreiche Tabellen, kart. ●

Spielend Roulette lernen
(2034) Von E. P. Caspar, 152 S., 1 s/w-Foto, 45 Zeichnungen, kart. ●●

Denksport und Schnickschnack
für Tüftler und fixe Köpfe. (0362) Von J. Barto, 100 S., 45 Abb., kart. ●

Rätselspiele, Quiz- und Scherzfragen
für gesellige Stunden. (0577) Von K.-H. Schneider, 168 S., über 100 Zeichnungen, Pappband. ●

Knobeleien und Denksport
(2019) Von K. Rechberger, 142 S., 105 Zeichnungen, kart. ●

Das Geheimnis der magischen Ringe
Alles über das Puzzle vom Würfel-Erfinder. Die schönsten Figuren.
(0878) Von Dr. Ch. Bandelow, 96 S., 198 Zeichnungen, 8 Cartoons, kart. ●

Quiz
Mehr als 1500 ernste und heitere Fragen aus allen Gebieten. (0129) Von R. Sautter und W. Pröve, 92 S., 9 Zeichnungen, kart. ●

500 Rätsel selberraten
(0681) Von E. Krüger, 272 S., kart. ●

501 Rätsel selberraten
(0711) Von E. Krüger, 272 S., kart. ●

Riesen-Kreuzwort-Rätsel-Lexikon
über 250.000 Begriffe. (4197) Von H. Schiefelbein, 1024 S., Pappband. ●●●

Das Super-Kreuzwort-Rätsel-Lexikon
Über 150.000 Begriffe. (4279) Von H. Schiefelbein, 688 S., Pappband. ●●

Das große farbige Kinderlexikon
(4195) Von U. Kopp, 320 S., 493 Farbabb., 17 s/w-Fotos, Pappband. ●●●

Die hier vorgestellten Bücher, Videokassetten und Software sind in folgende Preisgruppen unterteilt:

● Preisgruppe bis DM 10,–/S 79,–
●● Preisgruppe über DM 10,– bis DM 20,–
S 80,– bis S 160,–

●●● Preisgruppe über DM 20,– bis DM 30,–
S 161,– bis S 240,–

●●●● Preisgruppe über DM 30,– bis DM 50,–
S 241,– bis S 400,–
●●●●● Preisgruppe über DM 50,–/S 401,–
*(unverbindliche Preisempfehlung)

Die Preise entsprechen dem Status beim Druck dieses

Das große farbige
Bastelbuch für Kinder
(4254) Von U. Barff, I. Burkhardt, J. Maier,
224 S., 157 Farbfotos, 430 Farb- und
69 s/w-Zeichnungen, Pappband. ●●●

Punkt, Punkt, Komma, Strich
Zeichenstunden für Kinder. (0564) Von
H. Witzig, 144 S., über 250 Zeichnungen,
kart. ●

Einmal grad und einmal krumm
Zeichenstunden für Kinder. (0599) Von
H. Witzig, 144 S., 363 Abb., kart. ●

Kinderspiele
die Spaß machen. (2009) Von H. Müller-
Stein, 112 S., 28 Abb., kart. ●

Spiele für Kleinkinder
(2011) Von D. Kellermann, 80 S., 23 Abb.,
kart. ●

Spiel und Spaß am Krankenbett
für Kinder und die ganze Familie. (2035) Von
H. Bücken, 104 S., 97 Zeichnungen, kart. ●

Kasperletheater
Spieltexte und Spielanleitungen · Basteltips
für Theater und Puppen. (0641) Von U. Lietz,
136 S., 4 Farbtafeln, 12 s/w-Fotos, 39 Zeichnungen, kart. ●

Tri-tra-trullalla
Neue Texte mit Spielanleitungen fürs
Kasperletheater. (0681) Von U. Lietz, 96 S.,
18 s/w-Zeichnungen, kart. ●

Kindergeburtstag
Vorbereitung, Spiel und Spaß. (0287) Von Dr.
I. Obrig, 104 S., 40 Abb., 11 Zeichnungen,
9 Lieder mit Noten, kart. ●

Kindergeburtstage die keiner vergißt
Planung, Gestaltung, Spielvorschläge.
(0698) Von G. und G. Zimmermann, 102 S.,
80 Vignetten, kart. ●

Kinderfeste
daheim und in Gruppen. (4033) Von
G. Blechner, 240 S., 320 Abb., kart. ●●

Scherzfragen, Drudel und Blödeleien
gesammelt von Kindern. (0506) Hrsg. von W.
Pröve, 112 S., 57 Zeichnungen, kart. ●

Komm mit ins bunte Lieder
Das große Buch der Kinder-, Volks- und Chor-
lieder. (4261) Hrsg. von H. Rauhe, 176 S.,
146 Farbzeichnungen, Pappband. ●●●

Die schönsten Wander- und Fahrtenlieder
(0462) Hrsg. von F. R. Miller, empfohlen vom
Deutschen Sängerbund, 80 S., mit Noten und
Zeichnungen, kart. ●

Die schönsten Volkslieder
(0432) Hrsg. von D. Walther, 128 S.,
mit Noten und Zeichnungen, kart. ●

Neue Spiele für Ihre Party
(2022) Von G. Blechner, 120 S., 54 Zeichnungen, kart. ●

Lustige Tanzspiele und Scherztänze
für Parties und Feste. (0165) Von E. Bäulke,
80 S., 53 Abb., kart. ●

Straßenfeste, Flohmärkte und Basare
Praktische Tips für Organisation und Durch-
führung. (0592) Von H. Schuster, 96 S.,
52 Fotos, 17 Zeichnungen, kart. ●●

Humor

Heitere Vorträge und witzige Reden
Lachen, Witz und gute Laune. (0149) Von
E. Müller, 104 S., 44 Abb., kart. ●

Tolle Sketche
mit zündenden Pointen – zum Nachspielen.
(0656) Von E. Cohrs, 112 S., kart. ●

Vergnügliche Sketche
(0476) Von H. Pillau, 96 S., mit 7 Zeichnungen, kart. ●

Heitere Vorträge
(0528) Von E. Müller, 128 S., 14 Zeichnungen,
kart. ●

Die große Lachparade
Neue Texte für heitere Vorträge und Ansagen.
(0188) Von E. Müller, 80 S., kart. ●

So feiert man Feste fröhlicher
Heitere Vorträge und Gedichte.
(0098) Von Dr. Allos, 96 S., 15 Abb., kart. ●

Lustige Vorträge für fröhliche Feiern
(0284) Von K. Lehnhoff, 96 S., kart. ●

Vergnügliches Vortragsbuch
(0091) Von J. Plaut, 192 S., kart. ●

Locker vom Hocker
Witzige Sketche zum Nachspielen.
(4262) Von W. Giller, 144 S., 41 Zeichnungen,
Pappband. ●●

Fidele Sketche und heitere Vorträge
Humor zum Nachspielen. (0157) Von
H. Ehnle. 96 S., kart. ●

Vorhang auf!
Neue Sketche für jung und alt.
(0898) Von H. Pillau, 96 S., 22 Zeichnungen,
kart. ●

Sketche und spielbare Witze
für bunte Abende und andere Feste. (0445)
Von H. Friedrich, 120 S., 7 Zeichnungen, kart.
●

Sketsche
Kurzspiele zu amüsanter Unterhaltung.
(0247) Von M. Gering, 132 S., 16 Abb., kart.,
●

Witzige Sketche zum Nachspielen
(0511) Von D. Hallervorden, 160 S., kart. ●●

Gereimte Vorträge
für Bühne und Bütt. (0567) Von G. Wagner,
96 S., kart. ●

Damen in der Bütt
Scherze, Büttenreden, Sketsches.
(0354) Von T. Müller, 136 S., kart. ●

Narren in der Bütt
Leckerbissen aus dem rheinischen Karneval.
(0216) Zusammengestellt von T. Lücker,
112 S., kart. ●

Rings um den Karneval
Karnevalsscherze und Büttenreden. (0130)
Von Dr. Allos, 144 S., 2 Zeichnungen, kart. ●

Helau und Alaaf 1
Närrisches aus der Bütt.
(0304) Von E. Müller, 112 S., 4 Zeichnungen,
kart. ●

Helau und Alaaf 2
Neue Büttenreden.
(0477) Von E. Luft, 104 S., kart. ●

Helau und Alaaf 3
Neue Reden für die Bütt. (0832) Von
H. Fauser, 144 S., 13 Zeichnungen, kart. ●

Wir feiern Karneval
Festgestaltung und Reden für die närrische
Zeit.
(0904) Von M. Zweigler, 120 S., 4 Zeichnungen, kart. ●

Humor und Stimmung
Ein heiteres Vortragsbuch. (0460) Von
G. Wagner, 112 S., kart. ●

Humor und gute Laune
Ein heiteres Vortragsbuch. (0635) Von
G. Wagner, 112 S., 5 Zeichnungen, kart. ●

Das große Buch der Witze
(0384) Von E. Holz, 320 S., 36 Zeichnungen,
Pappband. ●

Da lacht das Publikum
Neue lustige Vorträge für viele Gelegenheiten.
(0716) Von H. Schmalenbach, 104 S., kart. ●

Witzig, witzig
(0507) Von E. Müller, 128 S., 16 Zeichnungen,
kart. ●

Die besten Witze und Cartoons des Jahres 1
(0454) Hrsg. von K. Hartmann, 288 S.,
125 Zeichnungen, geb. ●●

Die besten Witze und Cartoons des Jahres 2
(0488) Hrsg. von K. Hartmann, 288 S.,
148 Zeichnungen, geb. ●●

Die besten Witze und Cartoons des Jahres 4
(0579) Hrsg. von K. Hartmann, 288 S.,
140 Zeichnungen, Pappband. ●●

Die besten Witze und Cartoons des Jahres 5
(0642) Hrsg. von K. Hartmann, 288 S.,
88 Zeichnungen, Pappband. ●●

Das Superbuch der Witze
(4146) Von B. Bornheim, 504 S.,
54 Cartoons, Pappband. ●●

Witze
Lachen am laufenden Band (4241) Von
J. Burkert, D. Kroppach, 400 S., 41 Zeich-
nungen, Pappband. ●●

Heller Wahnwitz
(0887) Von D. Kroppach, 220 S.,
200 Vignetten, kart. ●

Spaßvögel
Über sexhundert komische Nummern.
(0888) Von E. Zeller, mit Limericks von
W. Müller, 220 S., 200 Vignetten, kart. ●

Total bescheuert
Kinder- und Schülerwitze.
(0889) Von G. Geßner und E. Zeller, 220 S.,
200 Vignetten, kart. ●

Die besten Beamtenwitze
(0574) Hrsg. von W. Pröve, 112 S., 59 Cartoons, kart. ●

Die besten Kalauer
(0705) Von K. Frank, 112 S., 12 Zeichnungen,
kart., ●

Robert Lembkes Witzauslese
(0325) Von Robert Lembke, 160 S., 10 Zeichnungen von E. Köhler, Pappband. ●

Fred Metzlers Witze mit Pfiff
(0368) Von F. Metzler, 112 S., kart. ●

O frivol ist mir am Abend
Pikante Witze von Fred Metzler. (0388) Von
F. Metzler, 128 S., mit Karikaturen, kart. ●

Herrenwitze
(0589) Von G. Wilhelm, 112 S., 31 Zeichnungen, kart. ●

Witze am laufenden Band
(0461) Von F. Asmussen, 118 S., kart. ●

Horror zum Totlachen
Gruselwitze
(0536) Von F. Lautenschläger, 96 S.,
44 Zeichnungen, kart. ●

Die besten Ostfriesenwitze
(0495) Hrsg. von O. Freese, 112 S., 17 Zeichnungen, kart. ●

Die Kleidermotte ernährt sich von nichts, sie frißt nur Löcher
Stilblüten, Sprüche und Widersprüche aus Schule, Zeitung, Rundfunk und Fernsehen. (0738) Von P. Haas, D. Kroppach, 112 S., zahlr. Abb., kart. ●

Olympische Witze
Sportlerwitze in Wort und Bild. (0505) Von W. Willnat, 112 S., 126 Zeichnungen, kart. ●

Ich lach mich kaputt! Die besten Kinderwitze
(0545) Von E. Hannemann, 128 S., 15 Zeichnungen, kart. ●

Lach mit!
Witze für Kinder, gesammelt von Kindern. (0468) Hrsg. von W. Pröve, 128 S., 17 Zeichnungen, kart. ●

Die besten Kinderwitze
(0757) Von K. Rank, 120 S., 28 Zeichnungen, kart. ●

Lustige Sketche für Jungen und Mädchen
Kurze Theaterstücke für Jungen und Mädchen. (0669) Von U. Lietz und U. Lange, 104 S., kart. ●

Spielbare Witze für Kinder
(0824) Von H. Schmalenbach, 128 S., 30 Zeichnungen, kart. ●

Natur

Falken-Handbuch
Umweltschutz
Das Öko-Testbuch zur Eigeninitiative. (4160) Von M. Häfner, 352 S., 411 Farbf., 152 Farbzeichnungen, Pappband. ●●●●

Pilze
erkennen und benennen. (0380) Von J. Raithelhuber, 136 S., 110 Farbfotos, kart. ●●

Falken-Handbuch **Pilze**
Mit über 250 Farbfotos und Rezepten. (4061) Von M. Knoop, 276 S., 250 Farbfotos, Pappband. ●●●●

Garten heute
Der moderne Ratgeber · Über 1000 Farbbilder. (4283) Von H. Jantra, 384 S., über 1000 Farbabbildungen, Pappband. ●●●●

Das Gartenjahr
Arbeitsplan für den Hobbygärtner. (4075) Von G. Bambach, 152 S., 16 Farbtafeln, 141 Abb., kart. ●●

Gartenteiche und Wasserspiele
planen, anlegen und pflegen. (4083) Von H. R. Sikora, 160 S., 31 Farb- und 31 s/w-Fotos, 73 Zeichnungen, Pappband. ●●●

Wasser im Garten
Von der Vogeltränke zum Naturteich – Natürliche Lebensräume selbst gestaltet. (4230) Von H. Hendel, P. Keßeler, 240 S., 247 Farbfotos, 68 Farbzeichnungen, Pappband. ●●●●

Mein kleiner Gartenteich
planen – anlegen – pflegen (0851) Von I. Polaschek, 144 S., 85 Farbfotos, 10 Farbzeichnungen, kart. ●●

Gärtnern
(5004) Von I. Manz, 64 S., 38 Farbfotos, Pappband. ●●

Gärtner Gustavs Gartenkalender
Arbeitspläne · Pflanzenporträts · Gartenlexikon. (4155) Von G. Schoser, 120 S., 146 Farbfotos, 13 Tabellen, 203 farbige Zeichnungen, Pappband. ●●●

Ziersträucher und -bäume im Garten
(5071) Von I. Manz, 64 S., 91 Farbfotos, Pappband. ●●

Das Blumenjahr
Arbeitsplan für drinnen und draußen. (4142) Von G. Vocke, 136 S., 15 Farbtafeln, kart. ●

Der richtige Schnitt von Obst- und Ziergehölzen, Rosen und Hecken
(0619) Von E. Zettl, 88 S., 8 Farbtafeln, 39 Zeichnungen, 21 s/w-Fotos, kart. ●

Blumenpracht im Garten
(5014) Von I. Manz, 64 S., 93 Farbfotos, Pappband. ●●

Blütenpracht in Haus und Garten
(4145) Von M. Haberer, u. a., 352 S., 1012 Farbfotos, Pappband. ●●●●

Sag's mit Blumen
Pflege und Arrangieren von Schnittblumen. (5103) Von P. Möhring, 64 S., 68 Farbfotos, 2 s/w-Abb., Pappband. ●●

Grabgestaltung
Bepflanzung und Pflege zu jeder Jahreszeit. (5120) Von N. Uhl, 64 S., 77 Farbfotos, 2 Zeichnungen, Pappband. ●●

Wintergärten
Das Erlebnis, mit der Natur zu wohnen. Planen, Bauen und Gestalten. (4256) Von LOG, ID, 136 S., 130 Farbfotos, 107 Zeichnungen, Pappband. ●●●●

Häuser in lebendigem Grün
Fassaden und Dächer mit Pflanzen gestalten. (0846) Von U. Mehl, K. Werk, 88 S., 116 Farbfotos, 4 Farb- und 17 s/w-Zeichnungen, kart. ●●

Leben im Naturgarten
Der Biogärtner und seine gesunde Umwelt. (4124) Von N. Jorek, 128 S., 68 s/w-Fotos, kart. ●●

So wird mein Garten zum Biogarten
Alles über die Umstellung auf naturgemäßen Anbau. (0706) Von I. Gabriel, 128 S., 73 Farbfotos, 54 Farbzeichnungen, kart. ●●

Gesunde Pflanzen im Biogarten
Biologische Maßnahmen bei Schädlingsbefall und Pflanzenkrankheiten. (0707) Von I. Gabriel, 128 S., 126 Farbfotos, 12 Farbzeichnungen, kart. ●●

Kosmische Einflüsse auf unsere Gartenpflanzen
Sterne beeinflussen Wachstum und Gesundheit der Pflanzen
(0708) Von I. Gabriel, 112 S., 57 Farbfotos, 43 Farbzeichnungen, kart. ●●

Der Biogarten unter Glas und Folie
Ganzjährig erfolgreich ernten. (0722) Von I. Gabriel, 128 S., 62 Farbfotos, 45 Farbzeichnungen, kart. ●●

Obst und Beeren im Biogarten
Gesunde und schmackhafte Früchte durch natürlichen Anbau. (0780) Von I. Gabriel, 128 S., 38 Farbfotos, 71 Farbzeichnungen, kart. ●●

Neuanlage eines Biogartens
Planung, Bodenvorbereitung, Gestaltung. (0721) Von I. Gabriel, 128 S., 73 Farbfotos, 39 Zeichnungen, kart. ●●

Der biologische Zier- und Wohngarten
Planen, Vorbereiten, Bepflanzen und Pflegen. (0748) Von I. Gabriel, 128 S., 72 Farbfotos, 46 Farbzeichnungen, kart. ●●

Gemüse im Biogarten
Gesunde Ernte durch naturgemäßen Anbau (0830) Von I. Gabriel, 128 S., 26 Farbfotos, 86 Farbzeichnungen, kart. ●●

Erfolgreich gärtnern
durch naturgemäßen Anbau
(4252) Von I. Gabriel, 416 S., 176 Farbfotos, 212 Farbzeichnungen, Pappband. ●●●

Das Bio-Gartenjahr
Arbeitsplan für naturgemäßes Gärtnern. (4169) Von N. Jorek, 128 S., 8 Farbtafeln, 70 s/w-Abb. kart. ●●

Selbstversorgung aus dem eigenen Anbau
Reichen Erntesegen verwerten und haltbar machen. (4182) Von M. Bustorf-Hirsch, M. Hirsch, 216 S., 270 Zeichnungen, Pappband. ●●●

Mischkultur im Nutzgarten
Mit Jahreskalender und Anbauplänen. (0651) Von H. Oppel, 112 S., 8 Farbtafeln, 23 s/w-Fotos, 29 Zeichnungen, kart. ●●

Erfolgreich gärtnern mit
Frühbeet und Folie
(0828) Von Dr. Gustav Schoser, 88 S., 8 Farbtafeln, 46 s/w-Fotos, kart. ●●

Erfolgstips für den Gemüsegarten
Mit naturgemäßem Anbau zu höherem Ertrag. (0674) Von F. Mühl, 80 S., 30 s/w-Fotos, 4 Zeichnungen, kart. ●

Erfolgstips für den Obstgarten
Gesunde Früchte durch richtige Sortenwahl und Pflege. (0827) Von F. Mühl, 184 S., 16 Farbtafeln, 33 Zeichnungen, kart. ●●

Gemüse, Kräuter, Obst aus dem Balkongarten
– Erfolgreich ernten auf kleinstem Raum. (0694) Von S. Stein, 32 S., 34 Farbfotos, 6 Zeichnungen, Spiralbindung, kart. ●

Keime, Sprossen, Küchenkräuter
am Fenster ziehen – rund ums Jahr. (0658) Von F. und H. Jantzen, 32 S., 55 Farbfotos, Pappband. ●

Balkons in Blütenpracht
zu allen Jahreszeiten. (5047) Von N. Uhl, 64 S., 80 Farbfotos, Pappband. ●●

Kübelpflanzen
für Balkon, Terrasse und Dachgarten. (5132) Von M. Haberer, 64 S., 70 Farbfotos, Pappband. ●●

Kletterpflanzen
Rankende Begrünung für Fassade, Balkon und Garten. (5140) Von M. Haberer, 64 S., 70 Farbabb., 2 Zeichnungen, Pappband. ●●

Mein Kräutergarten rund ums Jahr
Täglich schnittfrisch und gesund würzen. (4192) Von Prof. Dr. G. Lysek, 136 S., 15 Farbtafeln, 91 Zeichnungen, kart. ●●

Blühende Zimmerpflanzen
94 Arten mit Pflegeanleitungen. (5010) Von R. Blaich, 64 S., 137 Farbfotos, Pappband. ●●

Prof. Stelzers grüne Sprechstunde
Gesunde Zimmerpflanzen
Krankheiten erkennen und behandeln · Mit neuem Diagnosesystem. (4274) Von Prof. Dr. G. Stelzer, 192 S., 410 Farbfotos, 10 s/w-Zeichnungen, Pappband. ●●

365 Erfolgstips für schöne Zimmerpflanzen
(0893) Von H. Jantra, 144 S., 215 Farbfotos, kart. ●●

Die hier vorgestellten Bücher, Videokassetten und Software sind in folgende Preisgruppen unterteilt:

● Preisgruppe bis DM 10,–/S 79,–
●● Preisgruppe über DM 10,– bis DM 20,– S 80,– bis S 160,–
●●● Preisgruppe über DM 20,– bis DM 30,– S 161,– bis S 240,–
●●●● Preisgruppe über DM 30,– bis DM 50,– S 241,– bis S 400,–
●●●●● Preisgruppe über DM 50,–/S 401,– *(unverbindliche Preisempfehlung)

FALKEN VERLAG

Die Preise entsprechen dem Status beim Druck dieses

Videokassette
Pflanzenjournal
Blumen- und Pflanzenpflege im Jahreslauf.
(6036/VHS) ca. 30 Min., in Farbe, ●●●●*

Blütenpracht in Grolit 2000
Der neue, mühelose Weg zu farbenprächtigen
Zimmerpflanzen. (5127) Von G. Vocke, 64 S.,
50 Farbfotos, Pappband. ●●

Ziergräser
Über 100 Arten erfolgreich kultivieren.
(0829) Von H. Jantra, 104 S., 73 Farbfotos,
6 Farbzeichnungen, kart. ●

Bonsai
Japanische Miniaturbäume und Miniaturland-
schaften. Anzucht, Gestaltung und Pflege.
(4091) Von B. Lesniewicz, 160 S., 106 Farbfotos, 46 s/w-Fotos, 115 Zeichnungen,
gebunden. ●●●●●

**Zimmerbäume, Palmen und andere
Blattpflanzen**
Standort, Pflege, Vermehrung, Schädlinge.
(5111) Von G. Schoser, 96 S., 98 Farbfotos,
7 Zeichnungen, Pappband. ●●

Biologisch zimmergärtnern
Zier- und Nutzpflanzen natürlich pflegen.
(4144) Von N. Jorek, 152 S., 15 Farbtafeln,
120 s/w-Fotos, Pappband. ●●

Zimmerpflanzen in Hydrokultur
Leitfaden für problemlose Blumenpflege.
(0660) Von H.-A. Rotter, 32 S., 76 Farbfotos,
8 farbige Zeichnungen, Pappband. ●

Sukkulenten
Mittagsblumen, Lebende Steine, Wolfsmilch-
gewächse u. a. (5070) Von W. Hoffmann,
64 S., 82 Farbfotos, Pappband. ●●

Kakteen und andere Sukkulenten
300 Arten mit über 500 Farbfotos. (4116)
Von G. Andersohn, 316 S., 520 Farbfotos,
193 Zeichnungen, Pappband. ●●●●

Fibel für Kakteenfreunde
(0199) Von H. Herold, 102 S., 23 Farbfotos,
37 s/w-Abb., kart. ●

Kakteen
Herkunft, Anzucht, Pflege, Arten. (5021) Von
W. Hoffmann, 64 S., 70 Farbfotos, Pappband.
●●

Faszinierende Formen und Farben
Kakteen
(4211) Von K. und F. Schild, 96 S., 127 Farbfotos, Pappband. ●●●

Falken-Handbuch **Orchideen**
Lebensraum, Kultur, Anzucht und Pflege.
(4231) Von G. Schoser, 144 S., 121 Farbfotos,
28 Farbzeichnungen, Pappband. ●●●

Falken-Handbuch **Katzen**
(4158) Von B. Gerber, 176 S., 294 Farb- und
88 s/w-Fotos, Pappband. ●●●●

DIE TIERSPRECHSTUNDE
Junge Katzen
(0862) Von Dr. med. vet. E. M. Bartenschla-
ger, 72 S., 40 Farbfotos, 4 Farbzeichnungen,
kart. ●

Katzen
Rassen · Haltung · Pflege. (4216) Von
B. Eilert-Overbeck, 96 S., 82 Farbfotos,
Pappband. ●●●

Das neue Katzenbuch
Rassen – Aufzucht – Pflege. (0427) Von
B. Eilert-Overbeck, 136 S., 14 Farbfotos,
26 s/w-Fotos, kart. ●

Katzenkrankheiten
Erkennung und Behandlung. Steuerung des
Sexualverhaltens. (0652) Von Dr. med. vet.
R. Spangenberg, 176 S., 64 s/w-Fotos,
4 Zeichnungen, kart. ●

Falken-Handbuch **Hunde**
(4118) Von H. Bielfeld, 176 S., 222 Farb-
und 73 s/w-Abb., Pappband. ●●●●

Hunde
Rassen · Erziehung · Haltung. (4209) Von
H. Bielfeld, 96 S., 101 Farbfotos, Pappband.
●●●

Das neue Hundebuch
Rassen · Aufzucht · Pflege. (0009) Von
W. Busack, überarbeitet von Dr. med. vet.
A. H. Hacker und H. Bielfeld, 112 S., 8 Farb-
tafeln, 27 s/w-Fotos, 6 Zeichnungen, kart. ●

Falken-Handbuch
Der Deutsche Schäferhund
(4077) Von U. Förster, 228 S., 160 Abb.,
Pappband. ●●●

Der Deutsche Schäferhund
Aufzucht, Pflege und Ausbildung. (0073) Von
A. Hacker, 104 S., 56 Abb., kart. ●

Dackel, Teckel, Dachshund
Aufzucht · Pflege · Ausbildung. (0508) Von
M. Wein-Gysae, 112 S., 4 Farbtafeln, 43 s/w-
Fotos, 2 Zeichnungen, kart. ●

Hundeausbildung
Verhalten – Gehorsam – Abrichtung. (0346)
Von Prof. Dr. R. Menzel, 96 S., 18 Fotos, kart.
●

Grundausbildung für Gebrauchshunde
Schäferhund, Boxer, Rottweiler, Dobermann,
Riesenschnauzer, Airedaleterrier, Hovawart
und Bouvier. (0801) Von M. Schmidt und W.
Koch, 104 S., 8 Farbtafeln, 51 s/w-Fotos,
5 s/w-Zeichnungen, kart. ●

Hundekrankheiten
Erkennung und Behandlung. Steuerung des
Sexualverhaltens. (0570) Von
Dr. med. vet. R. Spangenberg, 128 S.,
68 s/w-Fotos, 10 Zeichnungen, kart. ●

Falken-Handbuch **Pferde**
(4186) Von H. Werner, 176 S., 196 Farb-und
50 s/w-Fotos, 100 Zeichnungen, Pappband.
●●●●

Wellensittiche
Arten · Haltung · Pflege · Sprechunterricht ·
Zucht. (5136) Von H. Bielfeld, 64 S., 59 Farb-
fotos, Pappband. ●●

Papageien und Sittiche
Arten · Pflege · Sprechunterricht.
(0591) Von H. Bielfeld, 112 S., 8 Farbtafeln,
kart. ●

DIE TIERSPRECHSTUNDE
Sittiche und kleine Papageien
(0864) Von Dr. med. vet. E. M. Bartenschla-
ger, 88 S., 84 Farbfotos, 9 Zeichnungen, kart. ●

Geflügelhaltung als Hobby
(0749) Von M. Baumeister, H. Meyer, 184 S.,
8 Farbtafeln, 47 s/w-Fotos, 15 Zeichnungen,
kart. ●

DIE TIERSPRECHSTUNDE
Alles über Igel in Natur und Garten
(0810) Von Dr. med. vet. E. M. Bartenschla-
ger, 68 S., 51 Farbfotos, kart. ●

DIE TIERSPRECHSTUNDE
Alles über Meerschweinchen
(0809) Von Dr. med. vet. E. M. Bartenschla-
ger, 72 S., 43 Farbfotos, 11 Farbzeichnungen,
kart. ●

DIE TIERSPRECHSTUNDE
Tiere im Wassergarten
(0808) Von Dr. med. vet. E. M. Bartenschla-
ger, 96 S., 84 Farbfotos, 7 Zeichnungen, kart.
●

Das Süßwasser-Aquarium
Einrichtung · Pflege · Fische · Pflanzen.
(0153) Von H. J. Mayland, 152 S., 16 Farbtafeln, 43 s/w-Zeichnungen, kart. ●●

Falken-Handbuch
Süßwasser-Aquarium
(4191) Von H. J. Mayland, 288 S., 564 Farbfotos, 75 Zeichnungen, Pappband. ●●●●

Cichliden
Pflege, Herkunft und Nachzucht der wichtig-
sten Buntbarscharten. (5144) Von Jo in't
Veen, 96 S., 163 Farbfotos, Pappband. ●●

Gesundheit

Die Frau als Hausärztin
Der unentbehrliche Ratgeber für die Gesundheit. (4072) Von Dr. med. A. Fischer-Dückel-
mann, 808 S., 14 Farbtafeln, 146 s/w-Fotos,
203 Zeichnungen, Pappband. ●●

Dr. Reitners großes Gesundheitslexikon
Mit über 5000 Stichwörtern.
(4282) Von Dr. med. H.-J. Lewitzka-Reitner,
in Zusammenarbeit mit P. Janknecht und U.
Kannapinn, 504 S., 424 s/w-Abbildungen,
Pappband. ●●

**Heiltees und Kräuter für die
Gesundheit**
(4123) Von G. Leibold, 136 S., 15 Farbtafeln,
16 Zeichnungen, kart. ●●

Falken-Handbuch **Heilkräuter**
Modernes Lexikon der Pflanzen und Anwendungen (4076) Von G. Leibold, 392 S.,
183 Farbfotos, 22 Zeichnungen, geb. ●●●●

Die farbige Kräuterfibel
Heil- und Gewürzpflanzen. (0245) Von
I. Gabriel, 196 S., 49 farbige und
97 s/w-Abb., kart. ●●

Falken-Handbuch **Bio-Medizin**
Alles über die moderne Naturheilpraxis.
(4136) Von G. Leibold, 552 S., 38 Farbfotos,
232 s/w-Abb., Pappband. ●●●●

Enzyme
Vitalstoffe für die Gesundheit. (0677) Von
G. Leibold, 96 S., kart. ●

Heilfasten
(0713) Von G. Leibold, 108 S., kart. ●

Besser leben durch Fasten
(0841) Von G. Leibold, 100 S., kart. ●

Kneippkuren zu Hause
(0779) Von G. Leibold, 112 S., 25 Zeichnungen, kart. ●

Krebsangst und Krebs behandeln
Mit einem Vorwort von Prof. Dr. med.
Friedrich Douwes (0839) Von G. Leibold,
104 S., kart. ●

Allergien behandeln und lindern
Mit einem Vorwort von Prof. Dr. med. Axel
Stemmann. (0840) Von G. Leibold, 104 S.,
4 Zeichnungen, kart. ●

Die hier vorgestellten Bücher, Videokassetten und Software sind in folgende Preisgruppen unterteilt:

● Preisgruppe bis DM 10,–/S 79,–
●● Preisgruppe über DM 10,– bis DM 20,–
    S 80,– bis S 160,–

●●● Preisgruppe über DM 20,– bis DM 30,–
    S 161,– bis S 240,–

●●●● Preisgruppe über DM 30,– bis DM 50,–
    S 241,– bis S 400,–
●●●●● Preisgruppe über DM 50,–/S 401,–
*(unverbindliche Preisempfehlung)

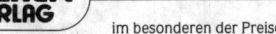
FALKEN VERLAG

Rheuma behandeln und lindern
Mit einem Vorwort von
Dr. med. Max-Otto-Bruker.
(0836) Von G. Leibold, 104 S., kart. ●

Die echte Schroth-Kur
(0797) Von Dr. med. R. Schroth, 88 S.,
2 s/w-Fotos, kart. ●

Streß bewältigen durch Entspannung
(0834) Von Dr. med. Chr. Schenk, 88 S.,
29 Zeichnungen, kart. ●

Gesundheit und Spannkraft durch Yoga
(0321) Von L. Frank und U. Ebbers, 112 S.,
50 s/w-Fotos, kart. ●

Yoga für jeden
(0341) Von K. Zebroff, 156 S., 135 Abb.,
Spiralbindung. ●●●

Yoga für Schwangere
Der Weg zur sanften Geburt. (0777) Von
V. Bolesta-Hahn, 108 S., 76 zweifarbige Abb.
kart. ●●

**Yoga gegen Haltungsschäden und
Rückenschmerzen**
(0394) Von A. Raab, 104 S., 215 Abb., kart. ●

Hypnose und Autosuggestion
Methoden – Heilwirkungen – praktische
Beispiele. (0483) Von G. Leibold, 120 S.,
9 Illustrationen, kart. ●

Gesund durch Gedankenenergie
Heilung im gemeinsamen Kraftfeld
(6035) Nur VHS, 45 Min., in Farbe ●●●●●*

Autogenes Training
Anwendung · Heilwirkungen · Methoden.
(0541) Von R. Faller, 128 S., 3 Zeichnungen,
kart. ●

**Die fernöstliche Fingerdrucktherapie
Shiatsu**
Anleitungen zur Selbsthilfe – Heilwirkungen.
(0615) Von G. Leibold, 196 S., 180 Abb., kart.
●●

Eigenbehandlung durch Akupressur
Heilwirkungen – Energielehre – Meridiane.
(0417) Von G. Leibold, 152 S., 78 Abb., kart. ●

Chinesische Naturheilverfahren
Selbstbehandlung mit bewährten Methoden
der physikalischen Therapie. Atemtherapie ·
Heilgymnastik · Selbstmassage · Vorbeugen ·
Behandeln · Entspannen. (4247) Von F. Tjoeng
Lie, 160 S. · 292 zweifarbige Zeichnungen,
Pappband. ●●●

Chinesisches Schattenboxen
Tai-Ji-Quan
für geistige und körperliche Harmonie
(0850) Von F. T. Lie, 120 S., 221 s/w-Fotos,
9 s/w-Zeichnungen, Beilage: 1 s/w-Poster
mit zahlreichen Abbildungen, kart. ●

Fit mit **Tai Chi**
als sanfte Körpererfahrung.
(2305) Von B. u. K. Moegling, 112 S.,
121 Farbfotos, 6 Farb- u. 4 s/w-Zeichnungen,
kart. ●●

Bauch, Taille und Hüfte gezielt formen durch
Aktiv-Yoga
(0709) Von K. Zebroff, 112 S., 102 Farbfotos,
kart. ●●

10 Minuten täglich Tele-Gymnastik
(5102) Von B. Manz und K. Biermann, 128 S.,
381 Abb., kart. ●

Gesund und fit durch Gymnastik
(0366) Von H. Pilss-Samek, 132 S., 150 Abb.,
kart. ●

Stretching
Mit Dehnungsgymnastik zu Entspannung,
Geschmeidigkeit und Wohlbefinden. (0717)
Von H. Schulz, 80 S., 90 s/w-Fotos, kart. ●

Fit mit **Stretching**
(2304) Von B. Kurz, 96 S., 255 Farbfotos,
kart. ●●

Gesund und leistungsfähig durch
**Konditionsübungen, Fitneßtraining,
Wirbelsäulengymnastik**
(0844) Von R. Milser, K. Grafe, 104 S.,
99 Farbfotos, 12 Farbzeichnungen, 5 s/w-
Zeichnungen kart. ●●

Gesundheit durch altbewährte Kräuter-
rezepte und Hausmittel aus der
Natur-Apotheke
(4156) Von G. Leibold, 236 S., 8 Farbtafeln,
100 Zeichnungen, kart., ●●

**Diät bei Krankheiten des Magens und
Zwölffingerdarms**
Rezeptteil von B. Zöllner. (3201) Von Prof. Dr.
med. H. Kaess, 96 S., 4 Farbtafeln, kart. ●●

**Diät bei Herzkrankheiten und
Bluthochdruck**
Salzarme (natriumarme) Kost. Rezeptteil von
B. Zöllner. (3202) Von Prof. Dr. med.
H. Rottka, 92 S., 4 Farbtafeln, kart. ●●

**Diät bei Erkrankungen der Nieren, Harn-
wege und bei Dialysebehandlung**
Völlig überarbeitete Neuauflage,
durchgehend farbig bebildert.
Rezeptteil von B. Zöllner. (3203) Von Prof.
Dr. med. Dr. h. c. H. J. Sarre und Prof. Dr.
med. R. Kluthe, 96 S., 33 Farbfotos, 1 s/w-
Zeichnung, kart. ●●

Richtige Ernährung wenn man älter wird
Völlig überarbeitete Neuauflage,
durchgehend farbig bebildert.
Rezeptteil von B. Zöllner. (3204) Von Prof.
Dr. med. H.-J. Pusch, Prof. Dr. N. Zöllner und
Prof. Dr. G. Wolfram. 96 S., 36 Farbfotos und
3 s/w-Zeichnungen, kart. ●●

Diät bei Gicht und Harnsäuresteinen
Rezeptteil von B. Zöllner. (3205) Von Prof.
Dr. med. N. Zöllner, 80 S., 4 Farbtafeln, kart.
●●

Diät bei Zuckerkrankheit
Rezeptteil von B. Zöllner. (3206) Von Prof.
Dr. med. P. Dieterle, 80 S., 4 Farbtafeln, kart.
●●

**Diät bei Krankheiten der Gallenblase,
Leber und Bauchspeicheldrüse**
Rezeptteil von B. Zöllner. (3207) Von Prof.
Dr. med. H. Kasper, 88 S., 4 Farbtafeln, kart.
●●

**Diät bei Störungen des Fettstoffwechsels
und zur Vorbeugung der Arteriosklerose**
Rezeptteil von B. Zöllner. (3208) Von Prof.
Dr. med. G. Wolfram und Dr. med. O. Adam,
104 S., 4 Farbtafeln, kart. ●●

Diät bei Übergewicht
Völlig überarbeitete Neuauflage,
durchgehend farbig bebildert.
Rezeptteil von B. Zöllner. (3209) Von Prof.
Dr. med. Ch. Keller, 104 S., 38 Farbfotos,
kart. ●●

Diät bei Darmkrankheiten
Durchfall – Divertikulose, Reizdarm und
Darmträgheit – einheimische Sprue (Zöliakie)
– Disaccharidasemangel – Dünndarmresek-
tion – Dumping Syndrom. Rezeptteil von
B. Zöllner. (3211) Von Prof. Dr. med. G. Stroh-
meyer, 88 S., 4 Farbtafeln, kart. ●●

**Ballaststoffreiche Kost bei Funktionsstö-
rungen des Darms**
Rezeptteil von B. Zöllner. (3212) Von Prof. Dr.
med. H. Kasper, 96 S., 34 Farbfotos, 1 s/w-
Foto, kart. ●●

Bildatlas des menschlichen Körpers
(4177) Von G. Pogliani, V. Vannini, 112 S.,
402 Farbabb., 28 s/w-Fotos, Pappband,
●●●

Fußmassage
Reflexzonentherapie am Fuß (0714) Von G.
Leibold, 96 S., 38 Zeichnungen, kart. ●

Rheuma und Gicht
Krankheitsbilder, Behandlung, Therapieverfahren, Selbstbehandlung, richtige Lebensführung und Ernährung. (0712) Von Dr.
J. Höder, J. Bandick, 104 S., kart. ●

Diabetes
Krankheitsbild, Therapie, Kontrollen,
Schwangerschaft, Sport, Urlaub, Alltags-
probleme, Neueste Erkenntnisse der
Diabetesforschung.
(0895) Von Dr. med. H. J. Krönke, 116 S.,
4 Farbtafeln, 14 s/w-Fotos, 13 s/w-Zeichnun-
gen, kart. ●

Krampfadern
Ursachen, Vorbeugung, Selbstbehandlung,
Therapieverfahren. (0727) Von Dr. med. K.
Steffens, 96 S., 38 Abb., kart. ●

Gallenleiden
Krankheitsbilder, Behandlung, Therapie-
verfahren, Selbstbehandlung, Richtige
Lebensführung und Ernährung. (0673) Von
Dr. med. K. Steffens, 104 S., 34 Zeichnungen,
kart. ●

Asthma
Pseudokrupp, Bronchitis und Lungenemphy-
sem. (0778) Von Prof. Dr. med. W. Schmidt,
120 S., 56 Zeichnungen, kart. ●

Fastenkuren
Wege zur gesunden Lebensführung.
Rezepte und Tips für die Nachfastenzeit.
Kurzfasten · Saftfastenkuren · Fastenschalt-
tage · Heilfasten
(4248) Von Ha. A. Mehler, H. Keppler, 144 S.,
16 s/w-Fotos, 9 Zeichnungen, Pappband.
●●●

Aus dem Schatz der Naturmedizin
Heilkräuterkuren
(4268) Von Dr. med. E. Rauch, Dr. rer. nat.
P. Kruletz, 144 S., 49 Zeichnungen, kart. ●●●

Vitamine und Ballaststoffe
So ermittle ich meinen täglichen Bedarf
(0746) Von Dr. M. Wagner, I. Bongartz,
96 S., 6 Farbabb., zahlreiche Tabellen, kart. ●

Darmleiden
Krankheitsbilder, Behandlung, Selbstbehandlung, Richtige Lebensführung und Ernährung.
(0798) Von Dr. med. K. Steffens, 112 S.,
46 Zeichnungen, kart. ●

Massage
(0750) Von B. Rumpler, K. Schutt, 112 S., 116
zweifarbige Zeichnungen, kart. ●●

Ratgeber Aids
Entstehung, Ansteckung, Krankheitsbilder,
Heilungschancen, Schutzmaßnahmen.
(0803) Von B. Baartman, Vorwort von Dr.
med. H. Jäger, 112 S., 8 Farbtafeln,
4 Grafiken, kart. ●●

Wenn Kinder krank werden
Medizinischer Ratgeber für Eltern.
(4240) Von Dr. med. I. J. Chasnoff, B. Nees-
Delaval, 232 S., 163 Zeichnungen, Pappband.
●●●

Die hier vorgestellten Bücher, Videokassetten und Software sind in folgende Preisgruppen unterteilt:

● Preisgruppe bis DM 10,–/S 79,–
●● Preisgruppe über DM 10,– bis DM 20,–
 S 80,– bis S 160,–

●●● Preisgruppe über DM 20,– bis DM 30,–
 S 161,– bis S 240,–

●●●● Preisgruppe über DM 30,– bis DM 50,–
 S 241,– bis S 400,–
●●●●● Preisgruppe über DM 50,–/S 401,–
*(unverbindliche Preisempfehlung)

FALKEN VERLAG

Die Preise entsprechen dem Status beim Druck dieses

Ratgeber Lebenshilfe

Umgangsformen heute
Die Empfehlungen des Fachausschusses für Umgangsformen. (4015) 282 S., 160 s/w-Fotos, 25 Zeichnungen, Pappband. ●●●

Der gute Ton
Ein moderner Knigge. (0063) Von I. Wolter, 168 S., 38 Zeichnungen, 53 s/w-Fotos, kart. ●

Haushaltstips von A bis Z
(0759) Von A. Eder, 80 S., 30 Zeichnungen, kart. ●

Wir heiraten
Ratgeber zur Vorbereitung und Festgestaltung der Verlobung und Hochzeit. (4188) Von C. Poensgen, 216 S., 8 s/w-Fotos, 30 s/w-Zeichnungen, 8 Farbtafeln, Pappband. ●●

Der schön gedeckte Tisch
Vom einfachen Gedeck bis zur Festtafel stimmungsvoll und perfekt arrangiert (4246) Von H. Tapper, 112 S., 206 Farbabbildungen, 21 s/w-Abbildungen, Pappband. ●●●

Familienforschung · Ahnentafel · Wappenkunde
Wege zur eigenen Familienchronik. (0744) Von P. Bahn, 128 S., 8 Farbtafeln, 30 Abbildungen, kart. ●●

Die Kunst der freien Rede
Ein Intensivkurs mit vielen Übungen, Beispielen und Lösungen. (4189) Von G. Hirsch, 232 S., 11 Zeichnungen, Pappband. ●●●

Reden zur Taufe, Kommunion und Konfirmation
(0751) Von G. Georg, 96 S., kart. ●

Der richtige Brief zu jedem Anlaß
Das moderne Handbuch mit 400 Musterbriefen. (4179) Von H. Kirst, 376 S., Pappband. ●●●

Von der Verlobung zur Goldenen Hochzeit
(0393) Von E. Ruge, 120 S., kart. ●

Reden zur Hochzeit
Musteransprachen für Hochzeitstage. (0654) Von G. Georg, 112 S., kart. ●

Glückwünsche, Toasts und Festreden zur Hochzeit.
(0264) Von I. Wolter, 128 S., 18 Zeichnungen, kart. ●

Hochzeits- und Bierzeitungen
Muster, Tips und Anregungen. (0288) Von H.-J. Winkler, mit vielen Text- und Gestaltungsanregungen, 116 S., 15 Abb., 1 Musterzeitung, kart. ●

Kindergedichte zur Grünen, Silbernen und Goldenen Hochzeit
(0318) Von H.-J. Winkler, 104 S., 20 Abb., kart. ●

Kindergedichte für Familienfeste
(0860) Von B. H. Bull, 96 S., 20 Zeichnungen, kart. ●

Die Silberhochzeit
Vorbereitung · Einladung · Geschenkvorschläge · Dekoration · Festablauf · Menüs · Reden · Glückwünsche. (0542) Von K. F. Merkle, 120 S., 41 Zeichnungen, kart. ●

Großes Buch der Glückwünsche
(0255) Hrsg. von O. Fuhrmann, 176 S., 77 Zeichnungen und viele Gestaltungsvorschläge, kart. ●

Neue Glückwunschfibel
für Groß und Klein. (0156) Von R. Christian-Hildebrandt, 96 S., kart. ●

Glückwunschverse für Kinder
(0277) Von B. Ulrici, 80 S., kart. ●

Die Redekunst
Rhetorik · Rednererfolg (0076) Von K. Wolter, überarbeitet von Dr. W. Tappe, 80 S., kart. ●

Reden und Ansprachen
für jeden Anlaß. (4009) Hrsg. von F. Sicker, 454 S., gebunden. ●●●●

Reden zum Jubiläum
Musteransprachen für viele Gelegenheiten. (0595) Von G. Georg, 112 S., kart. ●

Reden zum Ruhestand
Musteransprachen zum Abschluß des Berufslebens (0790) Von G. Georg, 104 S., kart. ●

Reden und Sprüche zu Grundsteinlegung, Richtfest und Einzug
(0598) Von A. Bruder, G. Georg, 96 S., kart. ●

Reden zu Familienfesten
Musteransprachen für viele Gelegenheiten. (0675) Von G. Georg, 108 S., kart. ●

Reden zum Geburtstag
Musteransprachen für familiäre und offizielle Anlässe. (0773) Von G. Georg, 104 S., kart. ●

Festreden und Vereinsreden
Ansprachen für festliche Gelegenheiten. (0069) Von K. Lehnhoff, E. Ruge, 88 S., kart. ●

Reden im Verein
Musteransprachen für viele Gelegenheiten. (0703) Von G. Georg, 112 S., kart., ●

Trinksprüche
Fest- und Damenreden in Reimen. (0791) Von L. Metzner, 88 S., 14 s/w-Zeichnungen, kart. ●

Trinksprüche, Richtsprüche, Gästebuchverse
(0224) Von D. Kellermann, 80 S., kart. ●

Ins Gästebuch geschrieben
(0576) Von K. H. Trabeck, 96 S., 24 Zeichnungen, kart. ●

Poesiealbumverse
Heiteres und Besinnliches. (0578) Von A. Göttling, 112 S., 20 Zeichnungen, Pappband. ●●

Verse fürs Poesiealbum
(0241) Von I. Wolter, 96 S., 20 Abb., kart. ●
Rosen, Tulpen, Nelken . . .

Beliebte Verse fürs Poesiealbum
(0431) Von W. Pröve, 96 S., 11 Faksimile-Abb., kart. ●

Der Verseschmied
Kleiner Leitfaden für Hobbydichter. Mit Reimlexikon. (0597) Von T. Parisius, 96 S., 28 Zeichnungen, kart. ●

Moderne Korrespondenz
Handbuch für erfolgreiche Briefe. (4014) Von H. Kirst und W. Manekeller, 544 S., Pappband. ●●●●

Der neue Briefsteller
Musterbriefe für alle Gelegenheiten. (0060) Von I. Wolter-Rosendorf, 112 S., kart. ●

Geschäftliche Briefe
des Privatmanns, Handwerkers, Kaufmanns. (0041) Von A. Römer, 120 S., kart. ●

Behördenkorrespondenz
Musterbriefe – Anträge – Einsprüche. (0412) Von E. Ruge, 120 S., kart. ●

Musterbriefe
für alle Gelegenheiten. (0231) Hrsg. von O. Fuhrmann, 240 S., kart. ●

Privatbriefe
Muster für alle Gelegenheiten. (0114) Von I. Wolter-Rosendorf, 132 S., kart. ●

Briefe zu Geburt und Taufe
Glückwünsche und Danksagungen. (0802) Von H. Beitz, 96 S., 12 Zeichnungen, kart. ●

Briefe zum Geburtstag
Glückwünsche und Danksagungen (0822) Von H. Beitz, 104 S., 22 Zeichnungen, kart. ●

Briefe zur Hochzeit
Glückwünsche und Danksagungen (0852) Von R. Röngen, 96 S., 1 Zeichnung, 39 Vignetten, kart. ●

Briefe der Liebe
Anregungen für gefühlvolle und zärtliche Worte. (0903) Hrsg. von H. Beitz, 96 S., 4 Zeichnungen, kart. ●

Erfolgstips für den Schriftverkehr
Briefwechsel leicht gemacht durch einfachen Stil und klaren Ausdruck (0678) Von U. Schoenwald, 120 S., kart. ●

Worte und Briefe der Anteilnahme
(0464) Von E. Ruge, 128 S., mit vielen Abb., kart. ●

Reden in Trauerfällen
Musteransprachen für Beerdigungen und Trauerfeiern (0736) Von G. Georg, 104 S., kart. ●

Lebenslauf und Bewerbung
Beispiele für Inhalt, Form und Aufbau. (0428) Von H. Friedrich, 112 S., kart. ●

Erfolgreiche Bewerbungsbriefe und Bewerbungsformen.
(0138) Von W. Manekeller, 88 S., kart. ●

Die erfolgreiche Bewerbung
Bewerbung und Vorstellung. (0173) Von W. Manekeller, 156 S., kart. ●

Die Bewerbung
Der moderne Ratgeber für Bewerbungsbriefe, Lebenslauf und Vorstellungsgespräche. (4138) Von W. Manekeller, 264 S., Pappband. ●●

Vorstellungsgespräche
sicher und erfolgreich führen. (0636) Von H. Friedrich, 144 S., kart. ●

Keine Angst vor Einstellungstests
Ein Ratgeber für Bewerber. (0793) Von Ch. Titze, 120 S., 17 Zeichnungen, kart. ●

99 Alternativen für Umsteiger
Mehr Freude am Leben mit dem richtigen Beruf. (4251) Von D. Maxeiner, P. Birkenmeier, 192 S., 143 Fotos, 46 Zeichnungen, kart. ●●●

So werde ich erfolgreich
Ratschläge und Tips für Beruf und Privatleben. (0918) Von H. Hans, 104 S., kart. ●

Die ersten Tage am neuen Arbeitsplatz
Ratschläge für den richtigen Umgang mit Kollegen und Vorgesetzten (0855) Von H. Friedrich, 104 S., kart. ●

Zeugnisse im Beruf
richtig schreiben, richtig verstehen. (0544) Von H. Friedrich, 112 S., kart. ●

In Anerkennung Ihrer . . .

Lob und Würdigung in Briefen und Reden.
(0535) Von H. Friedrich, 136 S., kart. ●

Erfolgreiche Kaufmannspraxis
Wirtschaftliche Grundlagen, Geld, Kreditwesen, Steuern, Betriebsführung, Recht, EDV. (4046) Von W. Göhler, H. Gölz, M. Heibel, Dr. D. Machenheimer, 544 S., gebunden. ●●●●

Die hier vorgestellten Bücher, Videokassetten und Software sind in folgende Preisgruppen unterteilt:

● Preisgruppe bis DM 10,–/S 79,–
●● Preisgruppe über DM 10,– bis DM 20,– S 80,– bis S 160,–
●●● Preisgruppe über DM 20,– bis DM 30,– S 161,– bis S 240,–
●●●● Preisgruppe über DM 30,– bis DM 50,– S 241,– bis S 400,–
●●●●● Preisgruppe über DM 50,–/S 401,–
*(unverbindliche Preisempfehlung)

FALKEN VERLAG

Wege zum Börsenerfolg
Aktien · Anleihen · Optionen
(4275) Von H. Krause, 252 S., 4 s/w-Fotos,
86 Zeichnungen, Pappband. ●●●

Mietrecht
Leitfaden für Mieter und Vermieter. (0479)
Von J. Beuthner, 196 S., kart. ●●

Familienrecht
Ehe – Scheidung – Unterhalt. (4190) Von T.
Drewes, R. Hollender, 368 S., Pappband.
●●●

**Erziehungsgeld, Mutterschutz,
Erziehungsurlaub**
Alles über das neue Recht für Eltern. Mit den
Gesetzestexten. (0835) Von J. Grönert,
144 S., kart. ●●

Scheidung und Unterhalt
nach dem neuen Eherecht. Mit dem Unter-
haltsänderungsgesetz 1986.
(0403) Von Rechtsanwalt H. T. Drewes,
112 S., mit Kosten- und Unterhaltstabellen,
kart. ●

Präzise Ratschläge für
Ihre optimale Rente
Vorbereitung · Berechnungsgrundlagen ·
Gesetzesänderungen · Individuelle Rechen-
beispiele. (0806) Von K. Möcks, 96 S.,
24 Formulare, 1 Graphik, kart. ●

Testament und Erbschaft
Erbfolge, Rechte und Pflichten der Erben,
Erbschafts- und Schenkungssteuer, Muster-
testamente. (4139) Von T. Drewes, R. Hollender, 344 S., Pappband. ●●●

Erbrecht und Testament
Mit Erläuterungen des Erbschaftssteuer-
gesetzes von 1974. (0046) Von Dr. jur.
H. Wandrey, 124 S., kart. ●

Endlich 18 und nun?
Rechte und Pflichten mit der Volljährigkeit.
(0646) Von R. Rathgeber, 224 S., 27 Zeichnungen, kart. ●

Was heißt hier minderjährig?
(0765) Von R. Rathgeber, C. Rummel, 148 S.,
50 Fotos, 25 Zeichnungen, kart. ●

**Erfolgreiche Bewerbung um einen
Ausbildungsplatz**
(0715) Von H. Friedrich, 136 S., kart. ●

Elternsache Grundschule
(0692) Hrsg. von K. Meynersen, 324 S., kart.
●●●

Sexualberatung
(0402) Von Dr. M. Röhl, 168 S., 8 Farbtafeln,
17 Zeichnungen, Pappband. ●●

Die Kunst des Stillens
nach neuesten Erkenntnissen
(0701) Von Prof. Dr. med. E. Schmidt/
S. Brunn, 112 S., 20 Fotos und Zeichnungen,
kart. ●

Wenn Sie ein Kind bekommen
(4003) Von U. Klamroth, Dr. med. H. Oster,
240 S., 86 s/w-Fotos, 30 Zeichnungen, kart. ●
●●●

Der moderne Ratgeber
Wir werden Eltern
Schwangerschaft · Geburt · Erziehung des
Kleinkindes. (4269) Von B. Nees-Delaval,
376 S., 335 zweifarbige Abbildungen,
Pappband. ●

Vorbereitung auf die Geburt
Schwangerschaftsgymnastik, Atmung, Rück-
bildungsgymnastik. (0251) Von S. Buchholz,
112 S., 98 s/w-Fotos, kart. ●

Wie soll es heißen?
(0211) Von D. Köhr, 136 S., kart. ●

Das Babybuch
Pflege · Ernährung · Entwicklung. (0531) Von
A. Burkert, 128 S., 16 Farbtafeln,
38 s/w-Fotos, 30 Zeichnungen, kart. ●●

Wenn der Mensch zum Vater wird
Ein heiter-besinnlicher Ratgeber. (4259) Von
D. Zimmer, 160 S., 20 Zeichnungen,
Pappband. ●●

Die neue Lebenshilfe Biorhythmik
Höhen und Tiefen der persönlichen Lebens-
kurven vorausberechnen und danach handeln.
(0458) Von W. A. Appel, 157 S., 63 Zeichnungen, Pappband. ●●

Neue Erkenntnisse zum Biorhythmus
Individuelle Rhythmogramme für Berufserfolg und Gesundheit, Partnerschaft und
Freizeit. Beilage: Tagesformplaner.
(4276) Von H. Bott, 144 S., 35 s/w-Zeichnun-
gen, Pappband. ●●

Vom Urkrümel zum Atompilz
Evolution – Ursache und Ausweg aus der
Krise. (4181) Von J. Voigt, 188 S., 20 Farb-
und 70 s/w-Fotos, 32 Zeichnungen, kart. ●●

Neues Denken – alte Geister
New Age unter der Lupe.
(4278) Von G. Myrell, Dr. W. Schmandt,
J. Voigt, 176 S., 54 Farbfotos, 3 Zeichnungen,
kart. ●●

Dinosaurier
und andere Tiere der Urzeit. (4219) Von
G. Alschner, 96 S., 81 Farbzeichnungen,
4 Fotos, Pappband. ●●

Der Sklave Calvisius
Alltag in einer römischen Provinz 150 n. Chr.
(4058) Von A. Ammermann, T. Röhrig,
G. Schmidt, 120 S., 99 Farbabb.,
47 s/w-Abb., Pappband. ●●

ZDF · ORF · DRS
Kompaß Jugend-Lexikon
(4096) Von R. Kerler, J. Blum, 336 S.,
766 Farbfotos, 39 s/w-Abb., Pappband.
●●●●

Psycho-Tests
– Erkennen Sich sich selbst. (0710) Von
B. M. Nash, R. B. Monchick, 304 S., 81 Zeich-
nungen, kart. ●●

FALKEN-SOFTWARE
Ego-Tests
Sich und andere besser erkennen und
verstehen. (7012) Diskette für IBM PC kom-
patibel (MS DOS) mit Begleitheft. ●●●●●*

Falken-Handbuch **Astrologie**
Charakterkunde · Schicksal · Liebe und Beruf ·
Berechnung und Deutung von Horoskopen ·
Aszendenttabelle. (4068) Von B. A. Mertz,
342 S., mit 60 erläuternden Grafiken,
Pappband. ●●

Die Magie der Zahlen
So nutzen Sie die Geheimnisse der Numerolo-
gie für Ihr persönliches Glück mit dem völlig
neuen Planetennumeroskop.
(4242) Von B. A. Mertz, 224 S., 36 Abbildungen, Pappband. ●●●

Selbst Wahrsagen mit Karten
Die Zukunft in Liebe, Beruf und Finanzen.
(0404) Von R. Koch, 112 S., 252 Abb.,
Pappband. ●●

Weissagen, Hellsehen, Kartenlegen . . .
Wie jeder die geheimen Kräfte ergründen und
für sich nutzen kann. (4153) Von G. Haddenbach, 192 S., 40 Zeichnungen, Pappband. ●●

Frauenträume, Männerträume
und ihre Bedeutung. (4198) Von G. Senger,
272 S., mit Traumlexikon, Pappband. ●●●

Wie Sie im Schlaf das Leben meistern
Schöpferisch träumen
Der Klartraum als Lebenshilfe.
(4258) Von Prof. Dr. P. Tholey, K. Utecht,
256 S., 1 s/w-Foto, 20 Zeichnungen,
Pappband. ●●●

Wahrsagen mit Tarot-Karten
(0482) Von E. J. Nigg, 112 S., 4 Farbtafeln,
52 s/w-Abb., Pappband. ●●

Aztekenhoroskop
Deutung von Liebe und Schicksal nach dem
Aztekenkalender. (0543) Von C.-M. und R.
Kerler, 160 S., 20 Zeichnungen, Pappband. ●

Was sagt uns das Horoskop?
Praktische Einführung in die Astrologie.
(0655) Von B. A. Mertz, 176 S., 25 Zeichnungen, kart. ●

Das Super-Horoskop
Der neue Weg zur Deutung von Charaker,
Liebe und Schicksal nach chinesischer und
abendländischer Astrologie. (0465) Von
G. Haddenbach, 175 S., kart. ●

**Liebeshoroskop für die
12 Sternzeichen**
Alles über Chancen, Beziehungen, Erotik,
Zärtlichkeit, Leidenschaft. (0587) Von
G. Haddenbach, 144 S., 11 Zeichnungen, kart.
●

Die 12 Sternzeichen
Charakter, Liebe und Schicksal. (0385) Von
G. Haddenbach, 160 S., Pappband. ●●

**Die 12 Tierzeichen im chinesischen
Horoskop**
(0423) Von G. Haddenbach, 128 S.,
Pappband. ●

Sternstunden
für Liebe, Glück und Geld, Berufserfolg und
Gesundheit. Das ganz persönliche Mitbringsel
für Widder (0621), Stier (0622), Zwillinge
(0623), Krebs (0624), Löwe (0625), Jungfrau
(0626), Waage (0627), Skorpion (0628),
Schütze (0629), Steinbock (0630), Wasser-
mann (0631), Fische (0632) Von L. Cancer,
62 S., durchgehend farbig, Zeichnungen,
Pappband. ●

So deutet man Träume
Die Bildersprache des Unbewußten. (0444)
Von G. Haddenbach, 160 S., Pappband. ●

Die Familie im Horoskop
Glück und Harmonie gemeinsam erleben –
Probleme und Gegensätze verstehen und
tolerieren. (4161) Von B. A. Mertz, 296 S.,
40 Zeichnungen, kart. ●●

Erkennen Sie Psyche und Charakter durch
Handdeutung
(4176) Von B. A. Mertz, 252 S., 9 s/w-Fotos,
160 Zeichnungen, Pappband. ●●●●

Falken-Handbuch **Kartenlegen**
Wahrsagen mit Tarot-, Skat-, Lenormand-
und Zigeunerblättern. (4226) Von B. A. Mertz,
288 S., 38 Farb- und
108 s/w-Abb. Pappband. ●●●●

I Ging der Liebe
Das altchinesische Orakel für Partnerschaft
und Ehe. (4244) Von G. Damian-Knight,
320 S., 64 s/w-Zeichnungen, Pappband.
●●●●

**Bauernregeln, Bauernweisheiten,
Bauernsprüche**
(4243) Von G. Haddenbach, 192 S., 62 Farbabb. 9 s/w-Fotos, 144 s/w-Zeichnungen,
Pappband. ●●●

Die hier vorgestellten Bücher, Videokassetten und Software sind in folgende Preisgruppen unterteilt:

● Preisgruppe bis DM 10,–/S 79,–
●● Preisgruppe über DM 10,– bis DM 20,–
      S 80,– bis S 160,–

●●● Preisgruppe über DM 20,– bis DM 30,–
      S 161,– bis S 240,–

●●●● Preisgruppe über DM 30,– bis DM 50,–
      S 241,– bis S 400,–
●●●●● Preisgruppe über DM 50,–/S 401,–
* (unverbindliche Preisempfehlung)

FALKEN
VERLAG

Die Preise entsprechen dem Status beim Druck dieses